Die österreichischen Siemens-Schuckert-Werke in Wien.

Eine Darstellung ihrer Betriebs- und Arbeitsverhältnisse.

Von

Dr. Julius Deutsch.

(Sonderabdruck aus dem 134. Band der Schriften des Vereins für Sozialpolitik.)

Leipzig
Verlag von Duncker & Humblot
1910.

Alle Rechte vorbehalten.

Altenburg
Pierersche Hofbuchdruckerei
Stephan Geibel & Co.

Inhaltsverzeichnis.

		Seite
1.	Die Entwicklung des Betriebes	5
2.	Die Organisation des Betriebes	6
3.	Die Arbeiter des Betriebes	17
	a) Die Auslese der Arbeiter	17
	b) Die Arbeiter im Betriebe	37
	c) Einwirkungen des Betriebes auf die Arbeiter	59

1. Die Entwicklung des Betriebes.

Die Aktiengesellschaft Österreichische Siemens-Schuckert-Werke ist durch die im Jahre 1904 vollzogene Vereinigung der Starkstromabteilungen des Wiener Werkes der Siemens & Halske A.-G. und der Aktiengesellschaft Österreichische Schuckert-Werke entstanden. Die Firma verfügt über ein Gesamtkapital von 26 Millionen Kronen. Sie umfaßt derzeit drei Werke: das Werk Engerthstraße im XX. Wiener Gemeindebezirk für die Erzeugung elektrischer Maschinen, Apparate und zugehöriger Massenartikel, das Werk Leopoldau im XXI. Wiener Gemeindebezirke für die Erzeugung elektrischer Maschinen und das damit örtlich zusammenhängende Kabelwerk für die Fabrikation aller Arten von Kabeln und Leitungsmaterialien.

Im engen Zusammenhange mit diesen drei Werken steht noch ein viertes Werk, die seinerzeit von den österreichischen Schuckert-Werken gegründete Fabrik der ungarischen Siemens-Schuckert-Werke, Elektrizitäts-Aktiengesellschaft in Preßburg.

Das Wiener Werk der Siemens & Halske A.-G. war hervorgegangen aus einem im Jahre 1879 in Wien gegründeten technischen Bureau der Berliner Firma Siemens & Halske und hatte schon im Jahre 1883 die Fabrikation in eigenen Werkstätten in der Hainburgerstraße in größerem Maßstabe aufgenommen. Dieses Unternehmen, das unter anderem schon im Herbste 1883 die erste elektrische Bahn Österreichs von Mödling nach der Brühl ausrüstete, blühte rasch auf und befaßte sich in erster Linie mit dem Baue von Maschinen und Apparaten der Starkstromtechnik und der Ausrüstung elektrischer Bahnen; außerdem bestanden noch besondere Abteilungen für Meßinstrumente, Schwachstromtechnik und Eisenbahnsicherungsanlagen, die in der heutigen Siemens & Halske A.-G., Wien, III. noch selbständig fortbestehen, sowie eine bedeutende Kabelfabrik, die infolge zunehmenden Platzmangels im Jahre 1898 in das neuerbaute Kabelwerk Leopoldau nächst Floridsdorf an der Nordbahn verlegt wurde. Trotz vielfacher Erweiterungen der Werkstätten in der Hainburgerstraße, ergab sich im Jahre 1899 auch für die Starkstromabteilung die Notwendigkeit einer neuen Fabrikanlage auf dem Terrain der Kabelfabrik in Leopoldau, um den zunehmenden Anforderungen in jeder Hinsicht besser entsprechen zu können.

Die Vorgeschichte der österreichischen Schuckert-Werke geht zurück auf die im Jahre 1884 in Wien von Johann Kremenzky und M. Mayer gegründete Kommanditgesellschaft, die schon frühzeitig den Bau elektrischer Maschinen und Apparate aufgenommen hatte. Sie ging im Jahre 1896 in den Besitz der Elektrizitäts A.-G., vormals Schuckert & Co. in Nürnberg über und wurde im Sommer 1897 zu einer Aktien-Gesellschaft unter der Firma „Österreichische Schuckert-Werke" umgewandelt. Es wurde mit der Erzeugung großer Maschinen begonnen und zu diesem Zwecke eine neue Fabrik in Wien, XX. Engerthstraße errichtet und im Laufe des Jahres 1899 bezogen. Hiermit war der Grund gelegt zum heutigen großen Wiener Werk in der Engerthstraße, welches sich im Laufe der Jahre ungemein rasch vergrößerte.

Mit 1. Januar 1904 erfolgte die Vereinigung der österreichischen Schuckert-Werke und der Starkstromabteilung der Siemens & Halske A.-G. zu den österreichischen Siemens-Schuckert-Werken, wobei jedoch eine Interessengemeinschaft mit der Abteilung für Meßinstrumentenbau, Schwachstromtechnik und Eisenbahnsicherungsanlagen der Siemens & Halske A.-G. aufrechterhalten wurde; zu Beginn des Jahres 1908 vollzog sich die Angliederung der Kabelfabrik an die österreichischen Siemens-Schuckert-Werke, so daß nunmehr die drei, aus den letzten Jahren stammenden Fabriken: das Werk in der Engerthstraße, die Maschinenfabrik und das Kabelwerk in Leopoldau mit zusammen 34 500 m² verbauter Grundfläche, zu einem einzigen Unternehmen, dem größten der elektrotechnischen Branche in Österreich vereinigt erscheinen. Diese Riesenunternehmung beschäftigt heute insgesamt 4500 Beamte und Arbeiter.

2. Die Organisation des Betriebes.

Das Hauptwerk der österreichischen Siemens-Schuckert-Werke liegt weit draußen an der Peripherie des Häusermeeres von Wien, hart am Gelände der Donau. In der Engerthstraße im zwanzigsten Wiener Bezirk erhebt sich das gewaltige hochragende Fabrikgebäude, das ein Areal von 28 000 m² bedeckt.

Die schmalseitige Front des rechteckigen Massives bildet ein Verwaltungsgebäude von sechs Geschossen und einer Frontlänge von 80 m. In ihm sind außer den zahlreichen technischen und kaufmännischen Bureaus unter anderem eine eigene Lichtpauseanstalt, Steindruckerei und ein großes photographisches Atelier für Fabrikzwecke untergebracht.

Die technische Gliederung des eigentlichen Fabrikbetriebes ist folgende:

Maschinenhalle für den Großmaschinenbau. Eine große geräumige Halle. Die per Bahn ankommenden großen Gußstücke werden in den Waggons auf den Fabrikgeleisen des Hofes unmittelbar unter den 30 t-Laufkran der Montierungshalle gebracht und mit dessen Hilfe entladen. Für kleinere Stücke steht ein Laufkran von 10 t Tragfähigkeit zur Verfügung. Beide Krane werden — wie alle Vorrichtungen der Halle — elektrisch betrieben. Die Krane vereinfachen das Transportieren der Gegenstände ungemein. Während es in älteren Fabriken sehr umständlich war, die zu bearbeitenden schweren Stücke von einem Ort zum andern zu bringen, vollzieht sich jetzt das Ganze schnell und mühelos. Im Tragkorb des Laufkranes sitzt ein Arbeiter, der mit einigen Handgriffen die Bewegungen des Kranes dirigiert. Unten in der Halle macht ein anderer Arbeiter mit den Händen die Zeichen, die seinem Kollegen im Korbe des Laufkranes die Art der zu vollführenden Operationen anzeigen. Die Anwendung der Laufkrane bedeutet eine nicht unbeträchtliche Kraftersparnis im Betrieb.

Vom Laufkran gelangen die zu bearbeitenden Stücke auf die 100 m^2 große eiserne Montierungsplatte, wo sie auch „angerissen" und mit transportablen Maschinen bearbeitet werden. Auf dieser Platte werden an den Gußstücken alle Bohr-, Hobel- und Fräsarbeiten, mitunter mehrere Operationen gleichzeitig vorgenommen. Zur Herstellung der Dreharbeiten befinden sich in derselben Halle zwei horizontale Plandrehbänke, welche imstande sind, Gegenstände von 11,5 m, bezw. 4,5 m Durchmesser aufzunehmen. Außerdem steht in demselben Raume eine große Drehbank für die Bearbeitung schwerer Wellen, bis zu einem Stückgewichte von 15 t.

In den Stockwerken der Halle befinden sich neben den Garderobe- und Waschräumen der Arbeiter ein Messungsraum und ein Zeichnungenlager.

Maschinenhalle für mittleren und kleineren Maschinenbau. Der Raum ist zum größten Teil mit Arbeitsmaschinen ausgefüllt, unter welchen Spezialmaschinen für Massenfabrikation, wie Revolverdrehbänke, Fräsmaschinen und Bohrmaschinen, hervorstechen. Alle diese Maschinen haben in den letzten Jahren eine mehr oder minder große Entwicklung durchgemacht. Die überlieferte Arbeitsweise ward dadurch erheblichen Umwälzungen unterworfen. Die Arbeiterzahl konnte verringert werden und auch die benötigte Arbeiterqualität mußte Veränderungen — größtenteils Ersatz qualifizierter Arbeit durch unqualifizierte — erleiden.

Die Revolverdrehbänke haben früher eine etwas umständliche Arbeitsprozedur erfordert. Das zu bearbeitende Stück kam in die Maschine, der Arbeiter mußte hierauf das Werkzeug, mit dem das Stück bearbeitet werden sollte (Bohrer, Messer usw.), in die dazu angebrachte Vorrichtung bringen, nun erst konnte die Maschine in Gang gebracht werden. Hatte das eine Werkzeug seine Arbeit ausgeführt, dann mußte es aus der Vorrichtung genommen, das weitere jetzt benötigte Werkzeug an seiner Statt eingestellt werden. Dieses Auswechseln der Werkzeuge verursachte viel Zeitverlust.

Die neueren Revolverdrehbänke machen das Werkzeugwechseln überflüssig. An einer kreisrunden Scheibe sind mehrere Führungsrohre angebracht. Jedes enthält ein „Werkzeug", also etwa ein Messer oder einen Bohrer. Die Scheibe bewegt sich vorwärts und bringt das Führungsrohr mit dem Werkzeug zu dem zu bearbeitenden Stück. Ist die Arbeit ausgeführt, dann läuft die Scheibe mit dem Führungsrohr automatisch zurück. Die Scheibe dreht sich, ein anderes Führungsrohr mit dem nun benötigten Werkzeug steht zur Arbeit bereit. Dieses Führungsrohr wird nun dem Arbeitsstücke zugeführt. Ist seine Arbeit beendigt, folgt eine neuerliche Drehung der Scheibe, ein weiteres Führungsrohr mit seinem Werkzeug tritt in Funktion. Das zeitraubende Abwechseln der Werkzeuge ist also bei diesen Revolverbänken ausgeschaltet. Die Arbeit des Arbeiters ist ungemein vereinfacht, sie beschränkt sich im wesentlichen fast nur auf die Beaufsichtigung der Maschine.

Einem nicht minder vereinfachten Prozeß ward die Arbeit an den Fräsmaschinen unterworfen. Früher mußte bei der Erzeugung der Zahnräder jeder einzelne Zahn für sich gefräst und dann das Rad vom Arbeiter um einen Zahn weiter gedreht werden. Jetzt führt der Arbeiter die kreisrund geschnittene Scheibe in eine automatische Räderfräsmaschine. Diese fräst in rascher Folge ohne Unterbrechung, Zahn um Zahn. Der Arbeiter hat nichts anderes zu tun, als der Maschine die Scheiben zuzuführen. Ein Arbeiter kann so gleichzeitig mehrere Maschinen bedienen.

Die Bohrmaschinen waren früher nur imstande ein Loch zu bohren. Jetzt sind an die Stelle dieser einfachen Bohrmaschinen Multiplexbohrmaschinen getreten, die bis zu 24 Löcher auf einmal bohren können. Dabei hat die Anwendung der „Bohrlehre" die Tätigkeit der Arbeiter noch weiter vereinfacht. Es verhält sich damit folgendermaßen:

Wenn vordem in einem Gegenstande Löcher gebohrt werden sollten, mußten die Stellen mit Kreide angestrichen werden. Der Arbeiter hatte dann darauf zu achten, daß er mit dem Bohrer der Maschine genau in die angerissenen Stellen trifft. Natürlich erforderte das eine große Übung und Aufmerksamkeit, ohne doch eine allzu große Genauigkeit erzielen zu können. Nun wird auf das zu durchbohrende Stück eine Platte, die „Bohrlehre", gelegt, die mit stahlhart geschliffenen Bohrbüchsen versehen ist. In diese Öffnungen wird der Bohrer eingeführt und das unter ihnen befindliche Stück durchbohrt. Die Arbeit hängt nun nicht mehr von der Geschicklichkeit des Arbeiters ab. Der kann es bei der Anwendung der Bohrlehre kaum mehr schlecht machen, weil seine Arbeit nur mehr darin besteht, die „Bohrlehre" am Arbeitsstück zu befestigen und dieses unter die Bohrer der Maschine zu bringen. Ein kleiner Handgriff und die Bohrung von 8, 12 oder 24 Löcher ist erfolgt. Diese Arbeit ist also so vereinfacht worden, daß auch unqualifizierte Kräfte Verwendung finden können.

Bei der Erzeugung von elektrischen Bogenlampen z. B. sind in die Platten zahlreiche Löcher zu bohren. Diese Arbeit machen heute Frauen.

Die „Bohrlehre" kam in Anwendung als die Produktion zur Massenproduktion ward, wie z. B. bei der Erzeugung der Bogenlampen. Bei der Herstellung von Tausenden gleichartiger Stücke ist die Anwendung der Bohrlehre, die ein einmaliges Bezeichnen der zu bohrenden Löcher an die Stelle des Bezeichnens bei jedem einzelnen Stück ermöglicht, begreiflicherweise ungemein arbeitssparend.

Die Anwendung der Bohrlehre hat auch die Arbeit am „Anreißtisch" sehr verringert. Früher kam jedes zu bearbeitende Stück auf den Anreißtisch, um dort die Zeichnung für die vorzunehmende Arbeit zu erhalten. Nun ist diese Bezeichnung, das „Anreißen", durch die Anwendung der Bohrlehre bei vielen Artikeln, vor allen den Massenartikeln, überflüssig geworden.

Im letzten Teil der Maschinenhalle ist die Blechstanzerei untergebracht. Hier sind drei große Doppelexzenter-Pressen und eine Anzahl automatischer Nuten-Stanz-Maschinen aufgestellt.

Die benötigten Blechscheiben für Dynamomaschinen werden vorerst mit Papier, das die Isolierung bilden soll, überklebt. Dieses Überkleben besorgt heute eine zweiwalzige Maschine, die Kleister und Papier auf das Blech aufträgt. Früher mußte das Papier vom Arbeiter selbst auf jedes einzelne Blech gelegt werden. Das war natürlich ziemlich umständlich. Wenn das Blech beklebt ist, wird es nun auf eine bestimmte Größe geschnitten. Dann erfolgt das Einstanzen der Löcher durch die Nuten-Stanz-Maschine. Die beiden letzten Vorrichtungen werden heute vielfach schon in einem ausgeführt. Die Maschine schneidet den Radius der Scheibe und stanzt zugleich die Löcher.

Die Arbeit an der Nuten-Stanz-Maschine ist eine ganz abwechselungslose. Der Arbeiter spannt das Blech in die Maschine ein. Wenn das Blech gestanzt ist, bleibt die Maschine von selbst stehen. Der Arbeiter nimmt nun das gestanzte Blech heraus. Diese Arbeit ist ein zwar rasches, aber eintöniges Geschäft. Es werden auch nicht erwachsene qualifizierte Arbeiter an die Nuten-Stanz-Maschine gestellt — das käme zu teuer — sondern Hilfsarbeiter und Frauen.

Die Wirkung der arbeitsparenden Verbesserungen an den Maschinen wird ergänzt durch die einer möglichst weitgehenden Arbeitsteilung. Eine Hand greift in die andere. Die selbständige Einzelarbeit verschwindet immer mehr. Früher mußte z. B. jeder Schlosser oder Dreher die Arbeitswerkzeuge, die er an seiner Maschine verwendete, allein herstellen, also etwa ein Drehmesser selbst schmieden, härten und schleifen. War an dem Arbeitswerkzeug nach einiger Zeit der Benutzung eine Reparatur vorzunehmen, dann begab sich der Arbeiter in die betreffende Abteilung, in der die Reparatur vorgenommen werden konnte, um diese Arbeit selbst zu besorgen. Heute werden die Arbeitswerkzeuge von Spezialisten auf Spezialmaschinen hergestellt. Diese machen die Arbeit ungleich genauer und schneller. Auf die Genauigkeit des Werkzeugs, etwa eines Bohrers kommt ja an sich sehr viel an, dann aber erspart auch der Arbeiter, der das Werkzeug benutzen soll, die Zeit, die er früher zur Herstellung oder Reparatur aufwenden mußte. Er kann bei seiner Maschine bleiben und braucht sich nicht durch andere, immerhin weniger eingeübte Arbeit ablenken zu lassen.

In der Maschinenhalle ist ein abgegrenzter Raum als Werkzeuglager eingerichtet. Dort liegen die fertigen Werkzeuge bereit, um von den Arbeitern, die sie benötigen, abgeholt bezw. gegen die reparaturbedürftigen Stücke umgetauscht zu werden. Im Werkzeuglager kommen, weil schwere Arbeit dort nicht zu verrichten ist, alte, halbinvalide oder kränklich gewordene Arbeiter zur Verwendung.

Bei der Werkzeugherstellung selbst hat sich übrigens ebenfalls manches geändert. Früher war z. B. ein Drehmesser ganz aus Stahl. Dieses verbrauchte sich durch das Schmieden und Schleifen in verhältnismäßig kurzer Zeit. Nun ist das Messer aus Eisen, aber an der Schneide ist eine starke Stahlplatte hart aufgelötet. Es wird also bei der Arbeit kein unnötiger Stahl verschliffen. Ist die Stahlplatte verbraucht, wird sie losgelötet und durch eine andere ersetzt. Während früher an der

Erzeugung der Drehmesser ein Schmied samt Helfer und drei bis vier Schlosser beschäftigt waren, besorgt nun diese Operation ein Schlosser allein.

Sehr entwickelt ist die Arbeitsteilung in der **Dreherei**. Es gibt da Leute, die Jahre hindurch stets ein und dieselbe Teilarbeit verrichten. Achsendreher machen jahraus jahrein nichts anderes als Achsen. Eine Abwechslung bietet diese Arbeit nur insoweit als, je nachdem es der Bau der Maschine erlaubt, einmal größere, ein andermal kleinere Achsen erzeugt werden. Ein anderer Dreher macht eine ganze Zeit hindurch Lagerdeckel, bezw. Lagerschilder, ein dritter nur Riemenscheiben, ein vierter nur Bohrarbeiten, wieder andere erzeugen nur Massenartikel als Schrumpfringe, Schrauben, Spritzringe usw.

Daß die Arbeitsteilung auch in der **Montierung der Maschinen** groß ist, versteht sich von selbst, obwohl hierbei noch vorwiegend qualifizierte Arbeiter, Maschinenschlosser und Mechaniker verwendet werden müssen, um die erforderliche Genauigkeit der Arbeit zu erzielen.

Die Arbeiter sind in Gruppen von zwei bis fünf Mann, sogenannten Partien geteilt. Eine Gruppe macht z. B. nur Gleichstrommaschinen, das heißt sie montiert diese Maschinen. Eine andere Gruppe ist mit der Montierung von Drehstrommaschinen beschäftigt. Eine dritte Gruppe macht nur Bahnmotore, eine vierte Gruppe nimmt die Maschinen nach dem erfolgten Ausprobieren auseinander und untersucht ob sie gut „eingelaufen" sind oder ob nicht etwa deren Lager sich verrieben haben, macht die Schaltungen zurecht und stellt die Maschinen, nachdem die einzelnen Teile lackiert wurden, wieder zusammen. Eine fünfte Gruppe macht die Transformatoren — deren Einbau —, die Aufzugapparate für Fördermaschinen usw. Eine weitere Gruppe, und zwar sind das größtenteils erst Ausgelernte, also weniger selbständige Arbeiter, besorgt das „Verputzen" der größeren Stücke. Es kommt beispielsweise ein Stück aus der Gießerei, das buckelig und rauh ist; diese Gruppe muß nun das Stück auf die benötigte Genauigkeit zurichten.

Die einzelnen Arbeiter, die einer Gruppe zugeteilt sind, arbeiten wohl zusammen an einem Produkt, aber eigentlich ist doch jeder selbständig. Es obliegt jedem Arbeiter der Gruppe eine bestimmte Verrichtung. Durch deren oftmalige Wiederholung erlernt der Arbeiter gewisse Arbeitsvorteile. Es wird nun ihm diese Arbeit immer wieder übertragen. Da findet er es dann für selbstverständlich, daß nur mehr er allein die Arbeit ausführt und protestiert sofort, wenn ihm ein anderer „seine" Arbeit wegnehmen will.

Es macht der eine Arbeiter hauptsächlich das „Tuschieren" der Lager und die Schmiernuten, der zweite die Deckel, der dritte gibt die Statore in die Gehäuse usw. Alle arbeiten bei größeren Arbeiten zeitweise wieder zusammen. Jeder hat aber außer dieser gemeinsamen Arbeit noch „seine" Arbeit, seine Spezialarbeit, die immer wieder nur ihm zugewiesen wird, weil er auch oft schon mit seinen Werkzeugen und Vorrichtungen besonders für diese Arbeit eingerichtet ist, was Partie- oder Werkführer wohl wissen.

Trotz der Arbeitsteilung ist es bei den Montierungsarbeiten vorteilhaft, wenn der Arbeiter einige theoretische Vorkenntnisse auf elektrotechnischem Gebiete besitzt. Auch eine ziemlich weitgehende praktische Vielseitigkeit des Maschinenschlossers ist nötig. Der Arbeiter muß etwas von der Dreherei verstehen, muß wissen, was gehobelt und gefräst werden kann, muß bohren und stoßen können. Seine hauptsächliche Fähigkeit besteht indes darin, daß er die Zeichnung versteht, gut meißeln und feilen kann, um eventuelle Fehler der Zeichnung, der Dreharbeit oder einer anderen früheren Operation rasch und sicher beheben zu können.

Die Kontrolle ist in der Maschinenhalle in folgender Weise eingerichtet: Als Aufsichtspersonen der Arbeiter fungieren die Partieführer und diesen übergeordnet die Werkführer. Eine Anzahl Ingenieure bilden die Oberleitung.

Die fertigen Arbeitsstücke werden zum Revisortisch geschafft, wo sie einer Prüfung durch die hierzu bestellten Revisoren unterliegen. Für die Prüfung der fertiggestellten Maschinen gibt es einen eigenen Prüfraum. In diesem werden die Maschinen einige Zeit erprobt und erst nach dem Vollbringen zufriedenstellender Leistungen an die Konsumenten abgegeben.

Wicklerei. In der Wicklerei wird dem toten Metall die Seele eingehaucht. Der Eisenkörper wird mit der Kupferwicklung versehen, nun kann ihn die elektrische Kraft durchströmen.

Die Wicklerei hat ebenfalls mannigfache Veränderungen in der Arbeitsmethode zu verzeichnen. Bedeutsam war insbesondere die Vereinfachung des Arbeitsprozesses bei der Wicklung von Drehstrommaschinen. Die früher immerhin einige Übung und Kunstfertigkeit erfordernde Arbeit macht nun größtenteils die Maschine. Die Wicklerei, die einstens ein Betätigungsfeld für gelernte Schlosser war, wird nun von unqualifizierten Kräften besorgt. Die Wickler rekrutieren sich aus allen Berufen. Man trifft unter ihnen ehemalige Kellner, Friseure, Schneider, Drechsler usw.

Schraubenfabrik. Die Erzeugung der Schrauben ist eine Massenproduktion. Wie bei der Herstellung von anderen Massenartikeln ist auch hier das Bestreben vorwaltend, die menschliche Arbeitskraft mit ihrer bescheidenen Leistungsfähigkeit durch schneller produzierende maschinelle Vorrichtungen soweit als möglich zu ersetzen.

In dem geräumigen Saal der Schraubenfabrik sind 30 Revolverbänke und zwölf Schraubenautomaten aufgestellt. Einer der letzteren ist so konstruiert, daß er gleichzeitig vier Schrauben erzeugt.

Die Arbeit an den Schraubenautomaten ist recht einfach. In die selbsttätige Maschine wird vom Arbeiter ein Draht eingeführt, auf der anderen Seite fällt die fertige Schraube heraus. Der Arbeiter hat nur darauf zu achten, daß die Maschine stets mit Draht versorgt ist und in Ordnung funktioniert. Es kann so ein Mann — in unserem Falle überdies ein Hilfsarbeiter — zehn Schraubenautomaten bedienen. Diese zehn Maschinen bilden eine Front von 12—15 m Länge, vor der der Arbeiter hin und her eilt, die Tätigkeit der Automaten überwachend.

Bei der älteren Betriebsweise bediente ein Arbeiter nur eine nicht automatische Maschine. Auch heute wird diese Produktionsweise noch angewandt und zwar dann, wenn eine nicht genug große Anzahl einer Schraubensorte bestellt ist, daß es rentabel wäre, sie durch den Automaten erzeugen zu lassen. Übrigens ist sogar die jetzt in den Siemens-Schuckert-Werken angewandte Methode der automatischen Schraubenfabrikation schon wieder überholt. Bei den jetzt in Gebrauch stehenden Automaten werden die Schrauben aus dem Draht geschnitten. Dadurch entsteht ein erheblicher Materialabfall. Nun sind Maschinen konstruiert worden, die den Draht nicht schneiden, sondern walzen. Das Material, das bei dem Schneiden der Schraubengewinde verloren geht, bleibt beim Walzen erhalten und dient zur Herstellung des Schraubenkopfes. Diese neue Methode hat die Produktionskosten fast um die Hälfte vermindert. Selbst die geringe Arbeiterzahl, die heute noch bei den Schraubenautomaten beschäftigt ist, kann nun infolge der stark erhöhten Produktivität der neuen Maschinen vermindert werden.

S c h m i e d e. In der Schmiede begegnen wir eine Vereinigung der primitiven Arbeitsmethode alten Stils mit der Maschinentechnik unserer Tage. Es sind im Schmiederaum ein Dampfhammer, drei elektrisch betriebene Schnellhämmer und eine Anzahl gewöhnlicher Amboße aufgestellt. Der Dampfhammer dient zur Bearbeitung der großen Stücke. Zwei Mann legen das Arbeitsstück auf den Amboß, ein dritter setzt den Hebel in Bewegung. Ein einfacher Handgriff von diesem und der Hammer schlägt mit Wucht herab.

Einen elektrisch angetriebenen Schnellhammer bedient ein Arbeiter. Mit dem Fuße reguliert er den Hammer, mit den Händen hält er das zu bearbeitende Stück. Die Arbeit an den elektrischen Hämmern geht so schnell vor sich, daß gewöhnliche Schmiedefeuer nicht mehr genügen, um die Arbeitsstücke in der benötigten Anzahl glühend zu machen. Es werden jetzt Drehfeuer gebraucht, in denen gleichzeitig eine größere Anzahl Arbeitsstücke der Glühhitze ausgesetzt sind.

Die rasche Arbeit des Dampfhammers und der elektrischen Hämmer läßt indes den gewöhnlichen Amboß doch nicht ganz entbehren. Er dient zur Bearbeitung der kleineren Stücke und auch zur Überprüfung der von den maschinellen Hämmern etwas roher bearbeiteten.

Unser Weg durch den Betrieb führt uns nun zu den sogenannten Apparaten-Gebäuden, deren es zwei im Betriebe gibt. Im ersten Apparaten-Gebäude sind untergebracht: die Abteilung für **mechanische Apparate**, die **Bogenlampenfabrikation** und der **Lampen-Regulierraum**, die **Werkstätten für Zähler und feinmechanische Apparate** und endlich eine kleine **Lackiererei, Gelbbrennerei, Galvanisieranstalt** und **Schleiferei**.

In allen diesen Betriebsabteilungen ist mehr oder weniger stark das Walten einer ähnlichen Entwicklung zu erkennen wie in der Maschinenhalle und der Schraubenfabrik. Die Technik bemächtigt sich des Arbeitsprozesses, löst einesteils die qualifizierte in unqualifizierte Arbeit auf und ersetzt anderenteils die menschliche Arbeitskraft in beträchtlichem Maße durch geeignete maschinelle Verrichtungen.

In den Abteilungen für **Feinmechanik** erhält sich die qualifizierte Arbeit noch am besten. Es sind eine größere Anzahl kleiner und ganz kleiner Arbeitsmaschinen aufgestellt, an denen gelernte Mechaniker beschäftigt werden. Die Arbeitsteilung spielt allerdings auch hier eine beträchtliche Rolle. Immerhin können aber unqualifizierte Arbeiter wegen der geforderten Feinheit und Genauigkeit der zu verrichtenden Arbeit nicht in dem Maße verwendet werden, wie in den meisten der anderen Abteilungen. Nur die ganz einfachen Verrichtungen, wie etwa das Spulen, besorgen Hilfsarbeiterinnen.

In der **Bogenlampenfabrik** waren früher nur Männer beschäftigt, jetzt sind Frauen an ihre Stelle getreten. Die Zerlegung des Arbeitsprozesses in einfache Teilverrichtungen und die Anwendung von Maschinen — wir erwähnten bereits die Bohrmaschinen und Bohrlehren — zeitigten dieses Resultat. Von der Betriebsleitung wird aber die Frauenarbeit für manche Arbeiten nicht nur wegen ihrer Billigkeit vorgezogen, sondern auch deshalb, weil für Verrichtungen, die eine Flinkheit der Hände und — infolge der Einförmigkeit — auch eine gewisse Geduld erfordern, Frauen geeignetere Arbeitskräfte sind als Männer.

Recht einfach ist die Arbeit in der Gelbbrennerei geblieben. Es sind einige Bottiche aufgestellt, die die zum Gelbbrennen erforderlichen Säuren enthalten. Ein Arbeiter, dessen Hand durch Gummihandschuhe geschützt ist, nimmt einen Korb Rotguß und taucht ihn nacheinander in jeden der Bottiche.

Dagegen spielt in der Galvanisieranstalt bereits die Technik wieder eine Rolle. Die zu verkupfernden, verzinnenden, verzinkenden oder zu vergoldenden Gegenstände müssen längere Zeit den Wirkungen des galvanischen Stromes ausgesetzt werden. Jeder Gegenstand muß, an einen Haken befestigt, in das Flüssigkeitsbett gehängt werden. Bei kleinen Gegenständen verursachte dieses Befestigen an Haken zu viel Zeitverlust. Man verwendet deshalb jetzt ein breites Rad, eine Trommel, an die die kleinen Gegenstände befestigt werden können. Diese Trommel mit den zu galvanisierenden Gegenständen rotiert nun automatisch im Bade.

Das zweite Apparatengebäude enthält im Kellerraum ein Guß= lager, im Parterre die Schalttafel=Abteilung und die Eich= station für Zähler. In den Schaltanlagen werden die Schalttafeln von qualifizierten Kräften montiert. Die Eichstation prüft unter der Aufsicht eines Physikers die Richtigkeit der fertigen Zähler.

In den Stockwerken des zweiten Apparatengebäudes sind unter= gebracht: die Zentral=Werkzeugmacherei und Spenglerei, die Werkstätte für Teilfabrikate der Wickelei (Rahmen=Wickelei, Magnetspulen=Wickelei usw.), die Buchbinder= und Kartonagen= abteilung, die Abteilung für Heiz= und Kochapparate und die Gesteinsbohrmaschinenabteilung.

Von den weiteren Abteilungen des Betriebes seien erwähnt: die Modelltischlerei. Sie arbeitet natürlich mit den geeigneten technischen Hilfsmitteln wie elektrisch betriebenen Hobelmaschinen und dergl. — Die Marmorschleiferei. Sie mußte im Betriebe eingerichtet werden, weil vordem die Lieferanten nicht genügend genaue Arbeit leisteten. Das Schleifen und Polieren der Marmorplatten erfolgt durch eine Maschine, nur die feine Politur ist noch Handarbeit. Früher war der ganze Arbeits= prozeß eine Handarbeit. — Die Bohrstollen. Die fertigen Gesteinsbohr= und Schrämmaschinen — die letzteren sind eine Spezialität der Siemens= Schuckert=Werke — werden hier an geeignetem Materiale erprobt.

Die Kraftzentrale. Sie enthält drei Verbundmaschinen mit

Kondensation von je 350 HP Leistung, die mit je einem Gleichstrom- und Drehstrom-Generator direkt an die Kurbelwelle gekoppelt sind.

Schließlich sei noch auf die Telephonzentrale des Betriebes hingewiesen, die der mancher kleineren Stadt nahekommt. Es stehen zur Verfügung: eine direkte Telephonlinie zu den Werken in Leopoldau, zwölf Stadtanschlüsse mit 80 Nebenstationen und 200 Telephonstellen für den inneren Verkehr im Betrieb, die nach Bedarf auf 300 Stellen erweitert werden können.

Der Gesamteindruck über die Entwicklung der Arbeitsmethode im Betriebe ist folgender: Die Muskelarbeit erfährt eine Verringerung. Sie wird durch Anwendung von Maschinenarbeit soweit als möglich ersetzt. Aus der Maschine wird durch eine intensive Produktion das Maximum an Leistung herausgeholt. In der gleichen Richtung wirkt eine weitgehende Arbeitsteilung. Die Zerlegung des Arbeitsprozesses vereint mit der Anwendung entwickelter Maschinentechnik verursacht eine Vereinfachung der Arbeitsfunktion. Die Arbeit ist zu einem guten Teile Überwachungsdienst geworden. Damit wird eine Verdrängung qualifizierter Arbeit durch unqualifizierte möglich. An die Stelle der sachlichen Gelerntheit verlangt der Betrieb mehr eine gewisse allgemeine Intelligenz, die die Anwendung der neuen Arbeitsmethoden erleichtern kann.

Nicht alle Arbeiter des Betriebes unterliegen indes der gleichen Beurteilung. Etwas anders als die Arbeit an den Maschinen muß die Montage gewertet werden. Während bei der ersteren die Unselbständigkeit des Arbeiters sich immer mehr vergrößert, ist dies bei der letzteren keineswegs im gleichen Maße der Fall. Die Monteure nehmen in vieler Beziehung eine Vorzugsstellung ein, die eben darauf beruht, daß ihre persönliche Qualität einen gewissen Einfluß auf die vorzunehmende Arbeit hat, der den Arbeitern an den Maschinen ermangelt. Unter den etwa 250 im Wiener Betriebe der Siemens-Schuckert-Werke beschäftigten Monteuren vermögen wir im wesentlichen zwei Gruppen zu unterscheiden: Anlagenmonteure und Maschinenmonteure. Die ersteren rekrutieren sich vielfach aus Hilfsarbeitern. Der unqualifizierte Arbeiter, der zuerst als Hilfskraft bei der Anlage von Leitungen verwendet wird, steigt allmählich, wenn er sich die nötige Erfahrung und manuelle Geschicklichkeit angeeignet hat, zum selbständigen Monteur auf. Manche, die früher Hilfsarbeiter gewesen, bringen es bis zum Obermonteur, dessen Aufgabe es ist, die Anlagen von Leitungen beaufsichtigend zu kontrollieren. — Noch besser, vor allem im Verdienste als die Anlagenmonteure stehen sich die Maschinenmonteure. Sie rekrutieren sich aus qualifizierten Arbeitern (Schlossern), die sich die nötigen Fertigkeiten angeeignet haben, eine lange Erfahrung besitzen und womöglich auch über einige theoretische Kenntnisse verfügen. Sie sind, soweit sie sich zu größeren Arbeiten eignen, die bestgestellten Arbeiter des Betriebes. Freilich gibt es ihrer, die in der Stellung unabhängiger sind und Verdienste von 60, 70 und auch mehr Kronen in der Woche erreichen, nur einige Dutzend.

3. Die Arbeiter des Betriebes.
a) Die Auslese der Arbeiter.

Zur Zeit der Erhebung waren im Betriebe in der Engerthstraße insgesamt 1387 Personen beschäftigt. Ein Teil von ihnen, wie die Lehrlinge und die jugendlichen Hilfsarbeiter kamen für die Zwecke unserer Untersuchung von vornherein nicht in Betracht. Ein anderer Teil mußte ausgeschaltet werden, weil er mit der hauptberuflichen Arbeit des Betriebes nur ganz geringe Zusammenhänge hatte. Die Wächter, Verlader, Kutscher usw. zu untersuchen, schien uns für die Zwecke der vorliegenden Arbeit als zu weitgehend. Es blieb also nur eine beschränkte Anzahl Arbeiter für die Untersuchung übrig. Technische Schwierigkeiten verhinderten es, diese alle einzuvernehmen. Eine erhebliche Anzahl der Einvernommenen machte hinwieder unzuverlässige Angaben. Wir konnten nur von 243 Arbeitern und Arbeiterinnen brauchbare Daten erhalten.

Der Vorgang bei der Erhebung war folgender: Ich setzte mich mit dem Sekretariate des österreichischen Metallarbeiterverbandes ins Einvernehmen. Dieses bestimmte die gewerkschaftlichen Vertrauensmänner des Betriebes, sich in einer Sitzung mit mir über die Modalitäten der Enquete auseinanderzusetzen. Einer hierbei getroffenen Vereinbarung gemäß, wurde dann eine Versammlung der Arbeiter des Betriebes einberufen, in der ich die Ziele und die Bedeutung der vorzunehmenden wissenschaftlichen Untersuchung auseinandersetzte. Diese Versammlung war nur von einem Bruchteil der Arbeiter besucht — es konnte nicht gut anders sein, weil der Versammlungssaal nur 200—300 Personen faßte —, weshalb dann für die einzelnen Abteilungen des Betriebes separate Versammlungen abgehalten wurden. Ich habe so insgesamt vor etwa 700 Personen über die Enquete gesprochen.

Viele Arbeiter waren mißtrauisch. Sie sagten, der Erhebungsbogen wolle viel zu viel private Details wissen. Sie könnten sich nicht darauf einlassen, ihre ganz persönliche individuelle Lebensart einem Fremden vorzutragen. Vor allem erregte es aber merkwürdigerweise Anstoß, daß ich auch auf genauere Angaben über die Lohnhöhe Gewicht legte. Das in den Siemens-Schuckert-Werken eingeführte Prämienlohnsystem trägt an der Abneigung der Arbeiter, die erzielten Verdienste anzugeben, die Schuld. Wer viel verdient, sagt es vor seinen Kollegen nicht gerne, um nicht als ein „Reißer", als ein nur auf den Verdienst bedachter selbstsüchtiger Mensch zu erscheinen, wer wenig verdient, verschweigt das so viel als möglich, um nicht als „Pfuscher", als schlechtqualifizierter Arbeiter zu gelten. Natürlich weiß einer vom anderen ja doch ungefähr den Verdienst, die einsichtigen Arbeiter machen deshalb auch aus ihrem Verdienste kein Geheimnis, aber eine nicht unerhebliche Gruppe bleibt doch möglichst verschlossen. — Andere Arbeiter waren lässig. Ich gab ihnen den Erhebungsbogen; sie verloren ihn. Ich gab ihnen einen zweiten, der wurde ihnen unglücklicherweise verkleckst. Manchem wieder war es zu viel der ungewohnten Schreibarbeit, den Bogen auszufüllen.

Wer seinen Bogen ausgefüllt hatte, mußte ihn mir persönlich übergeben oder durch einen guten Freund schicken. Ich ging nun im Beisein des Arbeiters den Bogen durch, verbesserte und ergänzte durch mündliches Befragen den Inhalt des Aufgezeichneten. Zuerst hatte ich versucht, alle Bogen selbst zu schreiben, ich mußte aber davon abstehen, weil die Arbeiter erklärten, sie müßten Gelegenheit haben, die Antworten besser zu überlegen, sollten diese richtig sein.

Von vornherein war nicht zu erwarten, daß alle oder auch nur der größte Teil der Arbeiter an der Erhebung teilnehmen würden. Ich verabredete deshalb mit den gewerkschaftlichen Vertrauensmännern, daß bei dem Erreichen einer bestimmten Anzahl — 300 — abgegebenen Bogen, die Erhebung beendigt werden würde. 310 Bogen liefen ein, da erklärten wir die Enquete geschlossen. Von diesen 310 Bogen mußten 67 ausgeschieden werden. Sie waren zu ungenau und unzuverlässig ausgefüllt worden. Vielfach fehlte die Lohnangabe, die Beschreibung der Herkunft, die Angabe des Lebenszieles, die der Haupterholungen und die Aufhellung des Berufswechsels. Auf unser persönliches Befragen ward ausweichend, manchmal auch abweisend geantwortet. Da beließen wir es bei den 243 Bogen, die genau ausgefüllt waren oder von mir entsprechend ergänzt werden konnten. Eine Anzahl Arbeiter half bei der Enquete mit rühmenswertem Eifer mit; sie brachten sehr ausführliche Beschreibungen ihres bisherigen Lebensganges oder ihrer Arbeit im Betrieb und halfen auch ihren Kollegen bei der Ausfüllung des Bogens.

Von den 243 Personen, die brauchbare Angaben machten, waren

230 Männer und 13 Frauen. Auf die verschiedenen Berufe verteilen sie sich wie folgt:

Schlosser	72
Dreher	30
Mechaniker	30
Spengler	11
Schmiede	10
Bohristen u. Eisenhobler	6
Presser u. Fräser	4
Schleifer	5
Wickler	13
Tischler	8
Buchbinder	6
Sattler	2
Lackierer	2
Hilfsarbeiter	32
Hilfsarbeiterinnen	12
	243

Wie aus dieser Zusammenstellung zu ersehen ist, wurden Arbeiter von allen bedeutsamen Beschäftigungsarten des Betriebes in die Untersuchung einbezogen. Wenn die Zahl der Untersuchten auch keine allzu große ist, glauben wir doch, daß sie hinreicht, ein einigermaßen zutreffendes Bild der Gesamtarbeiterschaft des Betriebes zu geben. Dies um so mehr, als die Vertrauensmänner der Arbeiterschaft gemeinsam mit dem Verfasser bemüht waren, diejenigen Arbeiter für die Erhebung zu gewinnen, die den allgemeinen Durchschnitt der in der betreffenden Abteilung Beschäftigten repräsentieren.

Die untersuchten Arbeiter und Arbeiterinnen gehören folgenden Altersklassen an:

16	bis	20 Jahre	14	Beschäftigte
21	„	30 „	93	„
31	„	40 „	83	„
41	„	50 „	40	„
51	„	60 „	10	„
61	„	70 „	3	„

Es sind also die Altersklassen von 21 bis 40 Jahren, die die physisch voll entwickelten, tüchtigsten und leistungsfähigsten Menschen umfassen, weitaus am stärksten besetzt. 72,4 % der untersuchten Arbeiter gehören diesen Altersklassen an. Es dominieren hier die qualifizierten Arbeitskräfte. Bemerkenswert ist nämlich, daß unter den Hilfsarbeitern die Zahl derer, die noch nicht 20 Jahre alt sind, und die derer, die das 40. Lebensjahr bereits überschritten haben, verhältnismäßig größer ist, als bei den qualifizierten Arbeitskräften.

Dem Zivilstande nach waren von den Männern 66 ledig, 160 verheiratet, 3 verwitwet, 1 geschieden; die Frauen waren sämtlich ledig. Von den 188 männlichen qualifizierten Arbeitern, die über 24 Jahre zählten, waren 26, das sind 13,8 %, noch ledig. Dagegen weisen die Hilfsarbeiter des gleichen Alters mehr Ledige, nämlich 24,4 % auf. Die Erklärung für diese Erscheinung gaben einige Hilfsarbeiter selbst, die sagten, sie könnten nicht heiraten, weil sie nicht den genügenden Arbeitsverdienst hätten.

Die Religion der Mehrzahl der Wiener Bevölkerung ist die katholische. Es bekannten sich denn auch von den einvernommenen Arbeitern und Arbeiterinnen der Siemens-Schuckert-Werke 215 zur römisch-katholischen Kirche. Evangelische waren 14, Juden 8, Altkatholiken 3, griechische Katholiken 1, Konfessionslose 2.

Den Militärdienst haben 117 Arbeiter, das ist etwas mehr als die Hälfte der Einvernommenen, bereits geleistet. 6 Arbeiter wurden von der Assentkommission für „bedingt tauglich", 87 Arbeiter für „untauglich" erklärt. 20 der einvernommenen Arbeiter waren zur Zeit der Erhebung noch nicht militärpflichtig. Die Ergebnisse der militärischen Auslese unter den jetzt beschäftigten Arbeitern weisen eine verblüffende Gleichförmigkeit mit dem Assentierungsergebnisse der Väter auf. Von den Vätern der beschäftigten Arbeiter haben seinerzeit 116 beim Militär gedient, 101 wurden für untauglich erklärt, einer vermochte sich noch loszukaufen. Für 13 Väter war das Militärverhältnis nicht mehr feststellbar.

Es wurden also von den jetzt beschäftigten Arbeitern 55,7 % der bei der Assentierung Gewesenen als voll militärtauglich erklärt. Von den 217 seinerzeit bei der Assentierung gewesenen Vätern waren 53,9 % militärtauglich. Die Verschiebung ist, wie man sieht, so gering, daß man daraus auf ein Gleichbleiben der körperlichen Tüchtigkeit, auf die ungebrochene Kraft einer Generation von Menschen schließen kann.

Es erhebt sich nun die Frage, wie diese Erscheinung, die im Widerstreit zu den bisherigen Erfahrungen über die Degeneration der Industriebevölkerung zu stehen scheint, zu erklären sei. Wir müssen da vorerst untersuchen, ob wir es bei unseren Arbeitern überhaupt mit den Gliedern eines geschlossenen Stammes industrieller Stadtbevölkerung zu tun haben. Prüfen wir die Berufsverhältnisse der Väter und Großväter, dann müssen wir dies dem ersten Anscheine nach bejahen. Von unseren 230 männlichen Arbeitern haben 198 den Beruf ihrer Väter angegeben; danach waren unter diesen nur 23, das sind 11,6%, Bauern, landwirtschaftliche Arbeiter, Kleinhäusler usw. Die Großväter waren wohl zu einem weit größeren Teile in der Landwirtschaft tätig, aber es gibt immerhin auch unter ihnen eine große Anzahl Gewerbetreibende, Kaufleute und kleine Beamte. Von 163 Großvätern war der Beruf zu ermitteln, 88 von ihnen, das sind 54%, waren Landwirte. Es ist also erst knapp die Hälfte der Großväter, die nicht dem Gewerbe zugehörig war. Diese Daten zeigen somit ganz deutlich, daß wir es bei unserer Arbeiterschar nicht mit zugewanderten Bauernsöhnen zu tun haben, sondern mit Söhnen von Handwerkern, Arbeitern usw., kurzum mit einer seit zwei Generationen entschieden industriellen Bevölkerung. Und trotzdem keine Herabminderung der militärischen Tauglichkeit; wie ist das zu erklären?

Wir glauben zur Beantwortung dieser Frage kommen zu können, wenn wir nicht nur den Beruf, sondern auch die Herkunft der Arbeiter in Betracht ziehen. Von den einvernommenen 230 männlichen Arbeitern wurden 80 in Wien, 130 in der österreichischen Provinz, 11 in Ungarn und 9 im Auslande geboren (s. die Tabelle S. 256).

Wir ersehen aus dieser Zusammenstellung, daß das Gros der Arbeitskräfte von den Dörfern und Märkten der österreichischen Provinz nach Wien wandert. Nicht unerheblich ist aber auch die Zuwanderung aus den österreichischen Städten. Diese Zuwanderer aus den Städten kommen nur zum allergeringsten Teile aus den größeren Städten Brünn, Prag und Graz, sondern fast durchweg aus den Kleinstädten. Sie unterliegen deshalb wohl der gleichen Beurteilung wie die Zuwanderer aus den Dörfern und Märkten.

Von den einzelnen Kronländern stellen Mähren und Böhmen das größte Kontingent Zuwandernder. An dritter Stelle steht Niederösterreich. Der Zustrom aus den schwach besiedelten Alpenländern ist unbedeutend. Es dürfte so die Zusammensetzung der untersuchten Arbeiter der Siemens-Schuckert-Werke typisch sein für die Zusammensetzung der Wiener Industriebevölkerung überhaupt.

Die Besetzung der einzelnen Berufe weist erhebliche Verschiedenheiten auf. Wir bemerken sofort, daß die höher qualifizierten Berufe, deren Ausübung verhältnismäßig weniger körperliche Kraft erfordert, wie die

Beruf des Arbeiters		Herkunftsgebiet d. Arbeiter u. Arbeiterinnen												Zuwanderung nach Wien
		Wien	Niederösterreich	Oberösterreich	Tirol	Steiermark	Kärnten	Istrien	Böhmen	Mähren	Schlesien	Galizien und Bukowina	Ungarn	Ausland	
Schlosser	Dörfer u. Märkte	—	7	1	1	2	—	—	13	7	—	—	1	1	33
	Städte	22	1	1	—	—	1	—	5	1	1	3	2	2	17
Dreher	Dörfer u. Märkte	—	2	1	—	1	—	—	3	3	—	—	1	—	11
	Städte	12	2	—	—	—	—	—	1	—	3	—	—	1	7
Mechaniker	Dörfer u. Märkte	—	1	—	—	—	—	—	2	3	—	—	—	1	7
	Städte	15	1	—	1	—	—	1	2	2	—	—	—	1	8
Spengler	Dörfer u. Märkte	—	1	—	—	—	—	—	3	—	—	—	2	—	6
	Städte	5	—	—	—	—	—	—	—	—	—	—	—	—	—
Schmiede	Dörfer u. Märkte	—	3	—	—	1	—	—	1	2	—	—	1	—	8
	Städte	1	—	—	—	—	—	—	—	1	—	—	—	—	1
Bohristen, Eisenhobler	Dörfer u. Märkte	—	1	1	—	—	—	—	—	—	—	—	—	—	2
	Städte	3	—	—	—	—	—	—	—	1	—	—	—	—	1
Presser, Fräser	Dörfer u. Märkte	—	—	—	—	—	—	—	—	—	—	—	—	—	—
	Städte	3	1	—	—	—	—	—	—	—	—	—	—	—	1
Schleifer	Dörfer u. Märkte	—	1	—	—	—	—	—	1	—	—	—	—	—	2
	Städte	1	—	—	—	—	—	—	1	—	—	—	—	1	2
Wickler	Dörfer u. Märkte	—	—	—	—	1	—	—	3	3	1	1	1	1	11
	Städte	1	—	—	—	—	—	—	1	—	—	—	—	—	1
Tischler	Dörfer u. Märkte	—	—	—	—	—	—	—	2	—	—	—	—	—	2
	Städte	4	—	—	1	—	—	—	1	—	—	—	—	—	2
Buchbinder	Dörfer u. Märkte	—	1	—	—	—	—	—	1	—	—	—	—	—	2
	Städte	3	—	—	—	—	—	—	—	—	—	—	—	1	1
Sattler	Dörfer u. Märkte	—	—	—	—	—	—	—	2	—	—	—	—	—	2
	Städte	—	—	—	—	—	—	—	—	—	—	—	—	—	—
Lackierer	Dörfer u. Märkte	—	—	—	—	—	—	—	—	—	—	1	—	—	1
	Städte	1	—	—	—	—	—	—	—	—	—	—	—	—	—
Hilfsarbeiter	Dörfer u. Märkte	—	4	1	—	2	1	—	1	4	1	1	1	—	17
	Städte	10	—	—	—	—	1	1	—	3	—	—	—	—	5
Hilfsarbeiterinnen	Dörfer u. Märkte	—	2	—	—	—	—	—	—	2	—	—	—	—	4
	Städte	6	—	—	—	1	—	—	1	—	—	—	—	—	2
Zusammen	Dörfer u. Märkte	—	23	4	1	7	1	—	26	30	2	2	8	4	108
	Städte	87	5	1	2	1	2	3	10	11	2	3	3	5	48

Mechanik und ein Teil der Schlosserei, von den Großstädtern (Wiener) und den Städtern besetzt sind. Dagegen sind die unqualifizierten Arbeiter und die, deren Beruf auch größere körperliche Kraft erfordert, wie die Schmiede, Wickler, Spengler, Hilfsarbeiter, zumeist vom flachen Lande Zugewanderte.

Im allgemeinen sind — das ist wohl zu beachten — die in der Großstadt Geborenen bei weitem in der Minorität. Noch weit mehr wurzelte aber die frühere Generation auf dem Lande. Von 224 der jetzt beschäftigten Arbeiter und Arbeiterinnen war der Geburtsort des Vaters festzustellen. Es wurden von diesen Vätern geboren in:

	Dörfer u. Märkte	Städte
Niederösterreich	30	7
Oberösterreich	7	1
Tirol	3	1
Steiermark	7	1
Krain	—	1
Istrien	1	—
Böhmen	38	10
Mähren	37	12
Schlesien	11	1
Galizien u. Bukowina	2	3
Ungarn	10	3
Ausland	8	2
Zusammen	154	42

In noch weit höherem Maße als bei der jetzigen Generation war bei der früheren das flache Land, die österreichische Provinz, die Heimat. In den Sudetenländern, in Böhmen, Mähren und Schlesien und in Niederösterreich war das Gros der Väter der jetzt beschäftigten Arbeiter zu Hause. Von den Vätern der jetzt beschäftigten Arbeiter wurden, wie die obige Zusammenstellung zeigt, um 42,6 Prozent mehr in den österreichischen Dörfern und Märkten geboren als von diesen Arbeitern selbst. Wir fanden insgesamt nur 28 Arbeiter und Arbeiterinnen, deren Vater ein geborener Wiener war. Ebenso wie der Vater war die Mutter vom Lande. Nur in 21 Fällen waren beide Eltern von jetzt beschäftigten Arbeitern in Wien geboren.

Es hat sich also, das ist aus den vorgeführten Ziffern in voller Klarheit zu ersehen, in zwei Generationen ein vollständiger Ersatz der großstädtischen Arbeiter durch zugewanderte Provinzarbeiter vollzogen. Unsere Untersuchung der Berufsverhältnisse der Väter und Großväter der jetzt beschäftigten Arbeiter zeigte, daß keineswegs ein allgemeiner Übergang von der landwirtschaftlichen zur industriellen Beschäftigung stattgefunden hatte. Nicht unmittelbar aus der Landwirtschaft kommt die Arbeiterschar, die die Fabriken der Großstadt füllt. Wenn wir eine ungemein große Zuwanderung konstatiert haben, so ist hier keineswegs an einen Ersatz verbrauchter industrieller Arbeitskräfte durch frische, kräftige Bauernsöhne zu denken. Es ist gar nicht der Beruf, der eine so große Wandlung erfährt, sondern der Aufenthaltsort.

Es ist also wohl zu beachten, daß keineswegs die Landwirtschaft der Industrie unmittelbar die Arbeitskräfte zuführt, sondern dem flachen Lande und der Kleinstadt als solchen kommt diese Funktion zu. Das kleine Handwerk auf dem Lande und in der Kleinstadt bildete das Reservoir, aus dem die großstädtische Industrie ihre Arbeitskräfte schöpft.

Es hätte auch, wie man bei näherem Zusehen bemerkt, gar nicht gut anders sein können. Ein Bauer, an einfache Handgriffe gewöhnt, vermag sich gar nicht leicht in dem komplizierten Getriebe einer großstädtischen Fabrik zurechtfinden. Ihm fehlt für diese Arbeit alle Lust, die nötige flinke Beweglichkeit und schließlich auch fast jedwede theoretische Vorbildung. Er vermag da nur die ganz grobe Arbeit gut zu verrichten. (Wir erwähnten bereits, daß die grobe Arbeit in der Fabrik zumeist von Zugewanderten des flachen Landes, also großenteils von Bauernsöhnen verrichtet wird.) Dagegen mag dem Provinzhandwerker der Sprung zum tauglichen, qualifizierten Fabriksarbeiter leichter gelingen.

Der qualifizierte Arbeiter der Großstadt ist körperlich schwächer oder wird körperlich schwächer; er wird durch den Arbeiter der Kleinstadt oder des flachen Landes — nicht vom Landmann — ersetzt, wenn er für die Arbeit nicht mehr genügt, das scheint der Lauf der Dinge im Fabriksmilieu zu sein.

Daß die großstädtischen Arbeiter körperlich schwächer sind als die kleinstädtischen ist übrigens auch aus den Assentierungsergebnissen selbst ersichtlich. Während von den bei der Stellung gewesenen 133 Arbeitern, die in der Provinz geboren wurden, 85, das sind 63,9 Prozent militärtauglich waren, erreichten von den 77 bei der Stellung gewesenen Wienern nur 38, das sind 49,2 Prozent die Militärtauglichkeit. Es müssen also wohl Einflüsse des Lebens am flachen Lande und in Kleinstädten angenommen werden, etwa die bessere Luft, Ruhe, geringere Aufregungen usw., die auf die Gesundheit der Arbeiter vorteilhaft einwirken.

In Ergänzung unserer Angaben über die Herkunft der Arbeiter sei noch bemerkt, daß ein erheblicher Zustrom nichtdeutscher Elemente zu verzeichnen ist. Unter den jetzt beschäftigten Arbeitern zählten wir 34 österreichische Slaven, zumeist Tschechen. Außerdem sind unter den untersuchten Arbeitern 13 Ungarn. Unter den Vätern der jetzt beschäftigten Arbeiter waren 55 Slaven. Auf die einzelnen Berufe verteilen sich die Slaven wie folgt:

	jetzt beschäftigte slavische Arbeiter:	slavische Väter von jetzt beschäftigten Arbeitern:
Schlosser	12	17
Dreher	6	9
Mechaniker	2	4
Spengler	1	3
Schmiede	3	5
Bohristen und Eisenhobler	—	1
Schleifer	—	1
Wickler	6	6
Tischler	1	1
Buchbinder	—	1
Sattler	1	1
Hilfsarbeiter	2	4
Hilfsarbeiterinnen	—	2
Zusammen:	34	55

Wir haben, um einen besseren Vergleich der jetzt beschäftigten Arbeiter mit der vorangegangenen Generation zu ermöglichen, die Nationalität nicht festgestellt nach der Umgangssprache. Wir erkundigten uns vielmehr nach der Muttersprache und zogen vor allem den Geburtsort zum Beweise heran. So fanden wir, daß durch die Wanderungen der Arbeiter ganz automatisch ein Prozeß der Assimilierung slavischer Elemente an das Deutschtum sich vollzieht. Es waren unter den Vätern mehr Slaven, als unter den jetzt beschäftigten Arbeitern. Die Kinder der jetzt beschäftigten slavischen Arbeiter fühlen sich hinwieder bereits vollständig als Deutsche. Nur ein geringer Bruchteil von ihnen beherrscht noch die slavische Muttersprache ihrer Vorfahren.

Bei einem Blick auf die Vertretung der Slaven in den einzelnen Berufen scheint sich uns ein ähnlicher Umstand zu ergeben, wie bei der Besetzung dieser Berufe mit den vom flachen Lande Zugewanderten. Ebenso wie die Zuwanderer aus den Dörfern und Märkten sich mehr den Berufen, die vorwiegend körperliche Kraft erfordern, zuwandten, oder vielmehr dort leichter Eingang fanden, ist dies auch bei den Slaven der Fall. Es

dürfte kein Zufall sein, daß unter den Schmieden, bei einfacher Schlosser=
arbeit und auch bei der unqualifizierten Arbeit der Wicklerei die Slaven
verhältnismäßig zahlreicher vertreten sind, als etwa unter den Mechanikern.

Die Verteilung der Militärtauglichkeit auf die Arbeiter der einzelnen
Berufe ergibt folgendes Bild:

	Bei der Assentierung gewesen:	tauglich:	untauglich:
Schlosser	64	43	21
Dreher	29	12	17
Mechaniker	28	15	13
Spengler	11	7	4
Schmiede	9	6	3
Bohristen und Eisenhobler	6	1	5
Presser und Fräser	3	1	2
Schleifer	4	1	3
Wickler	12	9	3
Tischler	7	2	5
Buchbinder	6	3	3
Sattler	2	2	—
Lackierer	2	1	1
Hilfsarbeiter	27	20	7
Zusammen:	210	123	87

Die verhältnismäßig größte Zahl Militärtauglicher weisen die un=
qualifizierten Berufe (Hilfsarbeiter, Wickler) auf, ihnen nahe steht die
schwerere körperliche Arbeit (Schmiede, Spengler, ein Teil der Schlosser).
Es ist aber zu bemerken, daß auch einzelne hochqualifizierte Berufe, wie
die Mechanik, recht günstige Militärtauglichkeitsziffern ergeben. Die
körperlich Kräftigeren sind die vom flachen Lande und den Kleinstädten
Zugewanderten; sie wenden sich mit Vorliebe der gröberen Arbeit zu und
überlassen die qualifiziertere, aber weniger körperliche Kraft erfordernde
Arbeit den Großstadtkindern. In der die leichtere Arbeit verrichtenden
Arbeiterkategorie ist also, wie nicht anders zu erwarten, analog den
Großstädtern die Militärtauglichkeit geringer.

Wir wenden uns nun der Vorbildung und der Berufslehre
der einvernommenen Arbeiter und Arbeiterinnen zu.

Von den 72 Schlossern, die wir einvernahmen, haben nur 21
die obligatorische Volks= und Bürgerschule vollständig absolviert. Mit
Ausnahme der Mechaniker steht es indes mit der Schulbildung der anderen
Arbeiter nicht besser. Von den 30 Drehern haben 10, von den 30

Mechanikern 17, von 11 Spenglern 2, von den 6 Bohristen und Hoblern 2, von den 4 Pressern und Fräsern 2, von den 5 Schleifern 1, von den 13 Wicklern 2, von den 6 Buchbindern 1, von den 30 Hilfsarbeitern 4, von den 12 Hilfsarbeiterinnen 6 die acht Klassen der Volks- und Bürgerschule absolviert. Unter den einvernommenen Tischlern, Sattlern und Lackierern war keiner, der bis zur dritten Bürgerschulklasse vorgedrungen wäre. Die Hilfsarbeiter und sonstige grobe Arbeit Verrichtende weisen so ziemlich die schlechtesten Schulbesuchsziffern auf.

Insgesamt haben von den 243 Arbeitern und Arbeiterinnen 20 die Volksschule in Wien, 88 die Volksschule in der Provinz, 43 außer der Volksschule eine der ersten Bürgerschulklassen, 68 die dritte Bürgerschulklasse, 12 die ersten Klassen einer Mittelschule und 9 diverse andere Schulen besucht. 3 Arbeiter (2 Schmiede, 1 Hilfsarbeiter) genossen überhaupt keinen Schulunterricht.

Mittelschulen haben besucht 3 Schlosser und 3 Mechaniker eine technische Gewerbeschule; je 1 Eisenhobler und Dreher drei erste Realschulklassen; je 1 Dreher, Werkzeugschlosser, Hilfsarbeiter, Modelltischler erste Gymnasialklassen und 1 Mechaniker vier Gymnasialklassen. Bei den letzteren handelte es sich offenbar um Menschen, die durch irgendeinen Zufall, vielleicht auch durch mangelnde Lernerfolge aus ihrer vorbestimmten Bahn gedrängt wurden.

Ein eigenartiges Bild entrollt sich vor uns, wenn wir die Berufslehre der in den Siemens-Schuckert-Werken beschäftigten Arbeiter ins Auge fassen. Wir erfahren wie ungemein zahlreich auch gelernte Arbeiter ihren erlernten Beruf verlassen.

Von den 72 Schlossern haben 65 das Schlosserhandwerk erlernt. Bei 14 der gelernten Schlosser betrug die Lehrzeit 4 Jahre, bei vier 3½ Jahre, bei 44 3 Jahre, bei zwei 2½ Jahre und bei einem 2 Jahre. Ein Lehrgeld mußten 17 Lehrlinge dem Lehrmeister bezahlen; der zu leistende Betrag schwankte zwischen 50 und 360 Kronen.

6 Arbeiter, die jetzt als Schlosser beschäftigt sind, haben ein anderes Gewerbe erlernt, und zwar erlernten 3 Arbeiter das Mechanikergewerbe (die Lehrzeit betrug in zwei Fällen 3, in einem 4 Jahre), 1 Arbeiter erlernte während 4½ Lehrjahre die Metalldreherei, 1 Arbeiter während 3 Jahre die Taschnerei, 1 Arbeiter während 3 Jahre die Fleischhauerei. Ein siebenter Schlosser erlernte überhaupt kein Gewerbe, er war früher Landarbeiter.

Von den 30 Drehern haben 23 die Dreherei erlernt. Die Lehrzeit betrug bei 17 3 Jahre, einem 3½ Jahre, vier 4 Jahre und bei einem

4½ Jahre. Ein Lehrgeld mußte nur ein Dreher bezahlen. — Es arbeiten heute als Dreher, ohne dieses Gewerbe in einer „Lehre" erlernt zu haben: 3 Schlosser mit einer Lehrzeit von 3½ und 3 Jahren, 1 Mechaniker mit einer Lehrzeit von 4 Jahren, 1 Messerschmied mit einer Lehrzeit von 5½ Jahren, 1 Uhrmacher mit einer Lehrzeit von 3 Jahren, 1 Holzdrechsler mit einer Lehrzeit von 4½ Jahren.

Unter den Mechanikern sind mehr Arbeiter, die bei dem erlernten Gewerbe bleiben konnten, resp. ist es Arbeitern anderer Berufe nicht leicht in dieses höher qualifizierte Gewerbe einzudringen. Von unseren 30 Mechanikern haben nur drei ein anderes Gewerbe erlernt, und zwar zwei durch 3 Jahre das Schlosserhandwerk und einer durch 4½ Jahre die Schriftgießerei. Die Lehrzeit der Mechaniker betrug bei 11 Lehrlingen 3 Jahre, bei zwei 3½ Jahre, bei zwölf 4 Jahre und bei zwei 5 Jahre. Man ersieht auch aus dieser langen Lehrzeit, daß es sich hier um höher qualifizierte Arbeit handelt. Ein Lehrgeld mußte nur ein Mechaniker bezahlen.

Die 11 einvernommenen Spengler haben sämtlich die Spenglerei erlernt; sechs lernten 3 Jahre, zwei 3½ Jahre, drei 4 Jahre. Ein Lehrgeld bezahlte keiner.

Auch die 10 Schmiede sind sämtlich gelernte Schmiede. Die Lehrzeit betrug bei acht von ihnen 3 Jahre, bei zwei 4 Jahre. 2 Schmiedelehrlinge zahlten ein Lehrgeld und zwar von 60 resp. 100 Kronen.

Von den 4 Bohristen haben gelernt: 1 Arbeiter während 3 Jahre die Gelbgießerei, 1 Arbeiter während 3 Jahre die Metalldreherei, 1 Arbeiter während 2½ Jahre die Perlmutterdrechslerei, 1 Arbeiter während 4 Jahre die Bäckerei. — 2 Eisenhobler haben dieses ihr Gewerbe in 4 Jahren erlernt.

Von 2 Pressern erlernte der eine 2 Jahre hindurch die Schlosserei, der andere in 3 Jahren die Metallgießerei. Von 2 Fräsern ist der eine ein gelernter Schuhmacher (3jährige Lehrzeit), der andere ein gelernter Futteralarbeiter (4jährige Lehrzeit).

Die Schleiferei wird ausgeübt von 1 Messerschmied mit 4jähriger Lehrzeit, 1 Schwertfeger mit 3jähriger Lehrzeit, 1 Schlosser mit 3jähriger Lehrzeit, 1 Gelbgießer mit 5jähriger Lehrzeit, 1 Buchbinder mit 3jähriger Lehrzeit.

Unter den 13 Wicklern finden wir: 3 Schlosser mit 3jähriger Lehrzeit, 1 Mechaniker mit 3jähriger Lehrzeit, 1 Schmied mit 3jähriger Lehrzeit, 1 Spengler mit 3½jähriger Lehrzeit, 1 Gießer mit 4½jähriger Lehrzeit, 1 Perlmutterdrechsler mit 4jähriger Lehrzeit, 1 Maurer mit 2jähriger Lehrzeit, 3 ungelernte Hilfsarbeiter und eine Frau, die seinerzeit die Schneiderei erlernte.

Von den 8 Modelltischlern haben sieben die Tischlerei erlernt und zwar einer in 2 Jahren, zwei in 3 Jahren, zwei in 3½ Jahren, einer in 4 Jahren, einer in 5 Jahren. Auch 1 Schlosser, der seinerzeit 3 Jahre lernte, übt jetzt die Tischlerei aus.

Die Buchbinder haben durchwegs dieses ihr Gewerbe erlernt und zwar: drei in 3 Jahren, einer in 3½ Jahren, einer in 4 Jahren. Lehrgeld bezahlten sie keins.

Auch die Lackierer konnten bei ihrem Gewerbe bleiben, wogegen unter den Sattlern ein Schuhmacher ist, der dieses Gewerbe während 4 Jahren erlernte.

Bunt zusammengewürfelt ist natürlich die Gruppe der Hilfsarbeiter. Da gibt es Tapezierer, Schlosser, Kellner, Riemer, Schmiede, Maurer, Müllner, Schneider, Drechsler, Etuimacher, Landarbeiter und eine Anzahl ungelernter Arbeiter.

Ebenso ist es bei den Hilfsarbeiterinnen. Unter ihnen finden wir Schneiderinnen, Blumenbinderinnen, Köchinnen und natürlich wieder eine Anzahl von ungelernten Arbeitskräften.

Unter den 243 einvernommenen Arbeitern und Arbeiterinnen waren 221, das sind 91%, die irgendein Gewerbe erlernten. Von diesen haben während ihrer Lehrzeit einen Lohn bezogen: 50 sofort nach Eintritt in die Lehre und 42 nach einigen Monaten oder im Laufe der Lehrjahre überhaupt. 12 Lehrlinge — es waren solche des Kleingewerbes — erhielten vom Meister Kost und Quartier. 117 Lehrlinge erhielten keinen wie immer gearteten Lohn.

Die Frage weshalb die Arbeiter seinerzeit den erlernten Beruf ergriffen, beantworteten von den 221 Gelernten 165. 76 Arbeiter hatten Vorliebe und Interesse für den Beruf, 29 erhofften durch ihn eine halbwegs annehmbare wirtschaftliche Existenz, 27 trieb die Not den nächstbesten Beruf zu ergreifen, 17 veranlaßte der Wille der Eltern zum Eintritt in eine bestimmte Lehre, 15 warf der Zufall in gerade freigewordene Lehrstellen. Ein Spengler gab an, er hätte dieses Gewerbe ergriffen, weil es auch schon sein Vater ausgeübt habe.

Von den ungelernten Arbeitern wurde als Grund des Nichteintrittes in eine Lehre fast stets die wirtschaftliche Bedrängnis angegeben. Die Not zwang sie zum Versuche so rasch als möglich einen Verdienst zu erwerben, um sich oder die Angehörigen erhalten zu können. Einige Male war auch die schwächliche Körperkonstitution die Ursache des Arbeitsantrittes als Hilfsarbeiter. In gleicher Weise antworteten die befragten Hilfsarbeiterinnen.

Im Betriebe der Siemens-Schuckert-Werke selbst gibt es ebenfalls eine Anzahl Lehrlinge. Die Lehrzeit dauert 3 Jahre. Wir skizzieren im nachstehenden den Entwicklungsgang eines Maschinenschlossers: Zuerst kommt der Junge in den Maschinensaal. Zuerst erlernt er das Feilen. Der Werkführer zeigt ihm zunächst die einzunehmende Körperhaltung (Fechterstellung), lehrt ihn wie er das Gewicht des Oberkörpers gleichmäßig auf der Feile verteilen müsse, um einen „geraden Strich" erzielen zu können usw. Der Lehrling muß nun tage-, oft wochenlang an einem Stück Eisen herumfeilen, bis er gelernt hat, die Feile zu beherrschen. Wenn das Feilen eine Zeitlang geübt ist, verwendet man den Jungen zu verschiedenen Hilfsarbeiten wie Anhalten, Draufschlagen, Gewindeschneiden, kleinere Sachen bohren, Überschmirgeln usw. Nach einem halben Jahre erfolgt die Versetzung in eine andere Abteilung, etwa in die Hoblerei oder Bohrerei. Dort erlernt er einzelne Handgriffe wie das „Anspannen" der Gegenstände, dann den Unterschied in der maschinellen Bearbeitung von weichem und hartem Metall.

Von hier geht es in die Schmiede, wo das Draufschlagen, Schmieden und Schweißen erlernt wird, dann in die Dreherei und Fräserei. Einen Arbeiter, der zwei bis drei Bänke zu bedienen hat, ist er da als Hilfskraft zugeteilt. Nun ist der Lehrling schon einigermaßen arbeitstüchtig geworden und kann kleinere Arbeiten bereits selbständig ausführen. Die letzten sechs Monate der Lehrzeit bringt der heranwachsende Arbeiter in jener Abteilung zu, deren Spezialarbeit er sich später widmen will.

Der moderne Lohnarbeiter wird vom Schicksal in recht mannigfache Berufe geworfen. Nicht nur, daß er die Spezialarbeit wechselt, daß also etwa ein Maschinenschlosser zum Werkzeugmacher wird oder ein Mechaniker bald an einem Elektromotor, bald an der Zusammensetzung einer Nähmaschine arbeitet, auch der Übergang der Arbeiter zu ziemlich entfernten Berufen ist nicht selten. Dazu kommt noch da und dort ein Wechsel in der sozialen Stufenleiter, ein Herabsinken vom Werkführer zum Arbeiter oder vom qualifizierten Arbeiter zum Hilfsarbeiter. Mitunter ist auch ein Aufstieg zu besserer Lebensstellung wahrnehmbar. Hilfsarbeiter werden zu qualifizierter Arbeit verwendet, schlecht entlohnten Arbeitern anderer Berufe gelingt es besser entlohnte Arbeit in der Elektrizitätsindustrie zu erhalten. Die folgende Zusammenstellung gibt ein Bild dieser beruflichen und sozialen Verschiebungen unter den von uns befragten Arbeitern:

Gegenwärtiger Beruf	Früherer Beruf	Ausübungszeit	Ausübungsort	Grund des Verlassens des früheren Berufs
Schlosser	Heizer	10 Jahre	Wien	Zu anstrengende Arbeit.
	Färbereihilfsarbeiter	8 "	"	Zu geringer Verdienst.
	Werkmeister	9 "	Ungarn, Deutschland	Lerneifer.
	Monteur	3 "	Budapest	Lerneifer.
	Mechaniker	3 "	Wien	Unbekannt.
	Selbständ. Schlossermeister	1 "	"	Mangel an Betriebskapital.
	Fabrikhilfsarbeiter	8 Monate	"	Arbeitslosigkeit.
	Vergoldereihilfsarb.	?	"	Militärdienst.
	Bronzearbeiter	3 Jahre	"	Zu geringer Lohn.
	Hilfsarbeiter	5 Monate	Lothringen	Arbeitsmangel.
	Drechsler	7 "	Preußen	Zu geringer Lohn.
	Vorarbeiter	6 "	Wien	Zu geringer Lohn.
	Dreher	7 "	"	Maßregelung.
	Werkmeister	3 "	"	Konkurs der Firma.
	Kutscher, Herrschaftsdiener	7 Jahre	"	Große Anstrengung, kleiner Lohn.
	Formengraveur	21 "	Wien, Mähren	Arbeitsmangel.
	Mechaniker	2 "	Wien	Arbeitsmangel.
	Bauschlosser	1 Jahr	"	Verbesserung der Stellung.
	Kassenschlosser	9 Monate	"	Militärdienst.
	Kabelmonteur	1 Jahr	"	Streit mit Vorgesetzten.
	Wagenbauarbeiter	1 "	Marburg	Maifeier-Maßregelung.
	Glockenbauarbeiter	1 "	Wien	Arbeitsmangel.
	Feuerbursch	1½ "	Bruck a. L.	Militärdienst.
	Maschinist	1 "	Janowitz	Selbstverschuldetes Ausbleiben.
	Hilfsarbeiter, Porzellanfabrik	1 Jahr	Galizien	Abreise nach Wien.
	Maschinist	30 Jahre	Wien	Auflösung der Firma.
	Gärtner	1¼ "	Wöblau	Arbeitslosigkeit.
	Zeichner	?	Rottweil	Arbeitsmangel.
	Werkzeugschlosser	?	Berlin, Budapest	Wanderlust, Streit.
Bohrist	Gelbgießer	?	Wien	Arbeitsmangel, rohe Behandlung.
	Hilfsarbeiter	7 Jahre	"	Geringer Lohn.
	Handlg. b. Pflasterer	2 "	"	Geringer Lohn.
Dreher	Dynamowärter und Theaterdienst	4 "	"	Auflösung des Betriebes.
	Schiffswerftarbeiter	3 "	Tönning	?
	Wagen- und Gewichterzeuger	?	Floridsdorf	?

Gegenwärtiger Beruf	Früherer Beruf	Ausübungszeit	Ausübungsort	Grund des Verlassens des früheren Berufs
Dreher	Mechaniker	3 Jahre	Wien	Lohnstreitigkeiten.
	Hüttenarbeiter	2 "	Pilsen	Maifeier-Maßregelung.
	Holzdrechsler	7 "	Wien u. Prov.	Militärdienst.
	Heizer	2 Monate	Wien	Streit.
	Schlosser	2½ Jahre	"	Arbeitsmangel, Streit.
	Messerschmied	½ Jahr	"	Geringer Verdienst, anstrengende Arbeit.
	Uhrmacher	1 "	Wels	Arbeitsmangel.
Mechaniker	Hilfsarbeiter, Gummifabrik	?	Stadlau	?
	Vorarbeiter	8 Monate	Wien	Streit.
	Werkzeugschlosser	1 Jahr		Lohndifferenzen.
	Werkzeugmacher	11½ Jahre	Wien, Brünn	Wanderlust.
	Maschinenmeister	3 "	Wien	Ungenügende Arbeitsleistung.
	Vorarbeiter	2¼ "	Nürnberg, Inzersdorf	Wanderlust.
	Maschinenschlosser u. Wärter	2 "	Dobrzan	Verbesserung der Stellung.
	Schlosser, Skodawerke	4¼ "	Pilsen	Interesse für Elektrotechnik.
	Selbständiger Mechaniker, Meister	2 "	?	Mangel an Aufträge.
	Monteur	2½ "	Wien, Nürnberg	Arbeitsmangel, Verbesserung der Stellung.
	Werkzeugmacher	4½ "	Wien	Arbeitsmangel.
	Installateur	1 Monat	Bad Reichenhall	Krankheit des Meisters.
	Hilfsarbeiter	2 Monate	Ulm, Mainz	Verbesserung der Stellung.
	Dreher	3½ Jahre	Böhmen, Baden	Wanderlust, schlechter Verdienst.
	Vorarbeiter	9 "	Wien	Geringer Verdienst.
	Werkmeister	2 "	"	Geringer Verdienst.
	Matrose, Militär, Arbeiter	3 "	?	?
Spengler	Bauspengler	2 Monate	Wien	Arbeitsmangel.
	Eisendreher	7 "	Öst. Staatseisenbahnges.	Geringer Verdienst.
	Installateur	2 "	Wien	Lohnstreitigkeiten.
	Filialleiter f. Installation	2 Jahre	Traiskirchen	Arbeitsmangel.
	Wickler	8 "	Wien	Arbeitsmangel.
Schmied	Tagelöhner usw.	9 "	?	Wanderlust.

Gegenwärtiger Beruf	Früherer Beruf	Aus-übungs-zeit	Ausübungs-ort	Grund des Verlassens des früheren Berufs
Presser	Hilfsarbeiter	2 Jahre	Heizhaus Heiligenstadt	Geringer Verdienst, anstrengende Arbeit.
	Gußbestoßer	1 "	Wien	Geringer Verdienst, anstrengende Arbeit.
Fräser	Futteralarbeiter	15 "	"	Saisonarbeit.
	Feldarbeiter	1½ "	Schlesien	Unlust zum Beruf.
	Schraubenfabrik	2½ "	Wien	Militärdienst.
	Maschinenarbeiter	8 "	"	Geringer Lohn, Unfallgefahr.
	Steinbrecher	3¾ "	Waldmühle	Geringer Lohn.
	Maschinen- u. Bau-schlosser	?	Mähren	Geringer Lohn.
	Dreher	?	"	Geringer Lohn.
	Drechslergehilfe	2 Jahre	Wien	Geringer Lohn.
	Schraubendreher	5¼ "	"	Maßregelung.
	Mechaniker	2 "	Budapest	Auflösung des Geschäftes.
	Monteur	1 "	Steinamanger	Verbesserung der Stellung.
	Schlosser	1 "	Wien	Militärdienst.
Wickler	Schallbrettwärter	1 "	Budapest	Zu lange Arbeitszeit.
	Schlosser	4 "	Boryslaw	Lerneifer.
	Räderdreher	?	Südbahn	Arbeitslosigkeit.
	Spengler	?	Wien	?
	Maschinenschlosser	7½ Jahre	Stapfenberg	Militärdienst.
	Erdarbeiter	½ "	Prachatitz	Zu schwere Arbeit.
	Steinarbeiter	?	Kaltenleut-geben	Zu schwere Arbeit.
	Schlosser	4 Jahre	Rußland, Österreich	Zu schwere Arbeit, geringer Lohn.
	Galvaniseur	3 "	Rußland	Militärdienst.
	Monteur	2 "	"	Streit.
	Elektriker	6 "	Wien	Militärdienst.
	Gießer	19 "	Wien u. answ.	Krankheit.
Wicklerin	Schneiderin	6 "	Wien	Arbeitsmangel.
Modelltischler	Hilfsarbeiter	3 Monate	Brünn	Arbeitslosigkeit.
	Bautischler	6 Wochen	"	Arbeitslosigkeit.
Buchbinder	Kartonagearbeiter	8 Jahre	Wien	?
	Weber	?	Mähren	Geringer Verdienst, Arbeitsmangel.
Schleifer	Theater, Beleuch-tungsarbeiter	6 Monate	Preßburg	Arbeitsmangel.
	Diener	4 "	Frauenkirchen	Hinausdrängen durch andere Arbeiter.
	Kartonagearbeiter	2 Jahre	Neuern (Böhmen)	Arbeitsmangel.

Gegenwärtiger Beruf	Früherer Beruf	Ausübungszeit	Ausübungsort	Grund des Verlassens des früheren Berufs
Hilfsarbeiter	Buchbinder	3 Jahre	Römerstadt	Schwere Arbeit, geringer Verdienst.
	Kupferlanger	5 "	Wilkowitz	Geringer Lohn.
	Hammerführer	? "	Wien	Schlechte Behandlung.
	Galvaniseur	? "	"	Arbeitsmangel.
	Schuhmacher, Riemer	5 "	"	Arbeitsmangel.
	Aufleger	3 "	"	Unlust zum Beruf.
	Bohrist	5 "	"	?
	Gußputzer	4 "	"	Arbeitsmangel.
	Kutscher	4 "	?	Überanstrengung.
	Nachtportier	7 "	Ungarn	Überanstrengung.
	Tapezierer	1 "	Wien	Unlust zum Gewerbe.
	Plakatierer	1½ "	"	Geringer Verdienst.
	Wagenputzer, Verschieber	9 Monate	Südbahn	Geringer Verdienst.
	Fensterputzer	5 "	Wien	Geringer Verdienst.
	Kontorpraktikant	?	"	Arbeitslosigkeit.
	Bauschreiber	?	"	Arbeitslosigkeit.
	Bohrist	2¼ Jahre	"	Geringer Verdienst.
	Handlanger	1 Monat	Floridsdorf	Arbeitsmangel.
	Kutscher	1¼ Jahre	Wien	Schwere Arbeit.
	Gußputzer	2 "	"	Militärdienst.
	Geschäftsführer	13 "	"	Auflösung des Geschäftes.
	Bergknappe	8 Monate	Leoben	Militärdienst.
	Selbständiger Kaufmann	1 Jahr	Budapest	Geringer Verdienst.
	Müller	4¾ "	Wien u. Prov.	Wanderlust, Arbeitsmangel.
	Riemer	6⅓ "	Wien, Sofia	Arbeitsmangel, Krankheit.
	Presser	9 Monate	Wien	Auflösung des Geschäftes.
	Kohlenausträger	4 "	"	Arbeitsmangel.
	Geschäftsdiener	13 "	"	Verbesserung der Stellung.
	Speisenträger	? "	"	Krankheit.
	Kellermeister	21 Jahre	Preßburg	Tod des Besitzers.
	Diener	1 "	Wien	Schlechte Behandlung.
	Kutscher	15 "	Mähren	Geringer Verdienst.
	Marmorschleifer	6 Monate	Wien	Arbeitslosigkeit.
	Radmacher	4 "	"	Arbeitslosigkeit.
	Gerüster	9 "	"	Arbeitslosigkeit.
	Plattenschmierer	8 "	"	Arbeitslosigkeit.
	Schmelzer	8 "	"	Arbeitslosigkeit.
	Helfer (Gas und Wasserleitung)	7 Jahre	"	Geringer Verdienst.
	Eisengießer	1¼ "	"	Geringer Verdienst.

Gegenwärtiger Beruf	Früherer Beruf	Ausübungszeit	Ausübungsort	Grund des Verlassens des früheren Berufs
Hilfsarbeiter	Andreher (Spinnerei)	3 Jahre	Mähren, N.-Ö.	Geringer Verdienst.
	Aushilfskellner	3 „	?	Arbeitsmangel.
	Privatbeamter	1¾ „	Steinamanger	Militärdienst.
	Magazinarbeiter	1 „	Wien	Maßregelung.
	Diener	2 „	„	Streit.
Hilfsarbeiterinnen	Einpackerin	?	Stadlau	Streit mit dem Meister.
	Blumensalon	?	Wien	Arbeitsmangel.
	Gelatinefabrik	?	„	Geringer Verdienst.
	Kleidermacherin	3 Jahre	„	Saisonarbeit, anstrengende Arbeit.

Am zahlreichsten ist natürlich, wie nicht anders zu erwarten war, der Berufswechsel bei den Hilfsarbeitern und Wicklern. Aber auch höher qualifizierte Arbeiter wie Schlosser, Spengler, Mechaniker wurden nicht selten aus ihrem Berufe herausgerissen. Anderseits gelingt auch Arbeitern anderer Gewerbe oder Hilfsarbeitern der Sprung zum Schlosser oder Mechanikergewerbe. — Die soziale Verschiebung zeigt auch einige Male das Herabgleiten selbständiger Meister in den Arbeiterstand. Es handelt sich da um kleine Unternehmungen, die sich aus Kapitalschwäche nicht zu erhalten vermochten.

Über die Arbeiteraufnahme heißt es in der Arbeitsordnung der Siemens-Schuckert-Werke: „Arbeiterentlassungen sowie -Aufnahmen stehen, vorbehaltlich der Genehmigung der Betriebsleitung, gleichfalls den Werkführern zu." .... „Die Aufnahme von Lehrlingen geschieht ausschließlich durch die Direktion."

Bei der Arbeiteraufnahme wird, nach den Angaben der Betriebsleitung, auf persönliche Charaktereigenschaften nur insoweit geachtet, als man nicht etwa moralisch Verkommene in den Betrieb aufnehmen kann. Natürlich wird auch auf die körperliche Gesundheit der Aufzunehmenden geachtet, weil sie eine genügende Leistungsfähigkeit erwarten läßt. Eine ärztliche Untersuchung ist aber nicht erforderlich. — Die technischen Eigenschaften werden vor allem nach der bisherigen Beschäftigung und der Schulbildung der Aufzunehmenden bemessen. Hat ein Arbeiter in ähnlichen Betrieben bereits gearbeitet, dann ist man natürlich seiner Aufnahme geneigter. Ebenso wird auf die allgemeine und sachliche Schulbildung geachtet. Ein Arbeiter, von dem man das Innehaben theoretischer Grundbegriffe voraussetzen kann, gilt als zu den meisten Arbeiten geschickter.

Bezüglich des Alters der Aufzunehmenden kommt es ganz auf die Beschäftigung an, die der betreffende Arbeiter im Betriebe zu verrichten hat. Bei einer Reihe von Arbeiten zieht man solche Bewerber vor, deren bisherige Beschäftigung auf eine längere Praxis schließen läßt. Braucht man Maschinenschlosser, Dreher, Mechaniker usw., dann bevorzugt man Leute, die nicht mehr ganz jung sind, also bereits eine längere Praxis hinter sich haben. Dagegen werden zu anderen Verrichtungen, beispielsweise für Hilfsarbeiten und in der Wickelei, lieber jüngere Leute verwendet, weil sie als billiger und auch leichter anlernbar gelten. Eine Altersgrenze nach oben hin gibt es bei der Aufnahme eigentlich nicht. Doch ist es natürlich nur erklärlich, daß ältere gebrechliche Leute vom Betriebe fern gehalten werden.

Die Frage des Zivilstandes, der Konfession oder Nationalität spielt bei der Arbeiteraufnahme gar keine Rolle.

Im allgemeinen hält es die Betriebsleitung für unrichtig, wenn die Meinung vertreten wird, daß die Handwerkslehre der Fabrik die geeignetsten Arbeitskräfte liefert. Die Gelegenheit zu lernen, ist für den Arbeiter in dem heute ja auch schon arbeitsteiligen Handwerk durchaus nicht größer als in der Fabrik. Dagegen ist das Unvertrautsein der handwerklichen Arbeiter mit den technischen Errungenschaften geradezu ein Nachteil. In der letzten Zeit macht sich der Fachunterricht, den die Arbeiter in Abendkursen und ähnlichen Einrichtungen genießen, vorteilhaft fühlbar. Man müsse zugestehen, sagt die Betriebsleitung, daß in dieser Beziehung die Arbeiterorganisationen, die das Interesse der Arbeiter am Lernen weckten und auch selbst Kurse veranstalten, vom Standpunkte der Industrie aus nicht unvorteilhaft gewirkt haben.

Die wünschenswerten Arbeiter im Betriebe sind die, die neben einem gewissen Quantum allgemeiner Intelligenz über genug Geduld verfügen, um die oft unvermeidbar eintönige Arbeit an den Maschinen mit der erforderlichen Sorgfalt und Genauigkeit auszuführen. Beim Anlernen der Arbeiter kommt es auf die Fähigkeit rascher Auffassung an, später ist ein ruhiges Temperament, das die Nachhaltigkeit und Gleichmäßigkeit der Betätigung sichert, von Vorteil.

Die Betriebsleitung erklärt, daß sie geradezu ein Interesse daran habe, die Monotonie der Arbeit soweit als möglich — viel Spielraum ist da leider nicht gegeben — zu mildern. Die Arbeiter verlassen mitunter eine sogar relativ gut bezahlte Arbeit, weil sie ihrer Monotonie ent=

rinnen wollen. Der selbständigen Betätigung der Arbeiter ist heute nur mehr ein geringer Spielraum gegeben. Mit der Entwicklung der Technik sinkt der Arbeiter immer mehr zu einem, allerdings aufmerksam und verläßlich sein sollenden, Aufseher der Maschine herab.

Ein qualitativer Unterschied bei der Beschäftigung an derselben Arbeit zwischen den in Wien aufgewachsenen und den von auswärts zugewanderten Arbeitern ist nicht zu bemerken. Es wäre hier höchstens auf eine verschiedentlich gemachte Beobachtung hinzuweisen: die norddeutschen Arbeiter sind an den Drill, das Gehorchen, mehr gewohnt als die österreichischen und vermögen sich infolgedessen im Großbetrieb, wo eine stramme Einordnung in das Getriebe erforderlich ist, besser zu behaupten.

Wie wir bereits früher gezeigt haben, vergleiche Seite 257, ist die Majorität der von uns befragten Arbeiter von der österreichischen Provinz zugewandert, eine kleine Zahl stammt aus Ungarn und dem Auslande. Während aber die männlichen Arbeiter in ihrer Mehrzahl keine Wiener sind, finden wir unter den Frauen acht Wienerinnen.

Bei der Arbeiteraufnahme wird von der Betriebsleitung auf die Herkunft der Arbeiter keinerlei Gewicht gelegt. Es besteht weder eine Bevorzugung der städtischen noch der ländlichen Arbeiter.

Auch das Militärverhältnis wirkt bei der Auswahl der Arbeiter nicht ein.

Ebensowenig wie einen geschlossenen örtlichen Arbeiterstamm gibt es in den Siemens-Schuckert-Werken eine berufliche sich gleichbleibende Arbeiterschicht. Wir konnten für die Väter von 164 beschäftigten Metallarbeitern den Beruf feststellen, es waren unter ihnen 36, das sind 21,9 Prozent, die seinerzeit ebenfalls als Metallarbeiter gearbeitet hatten. Die gleiche Branche der Metallindustrie pflegt sich nur ganz selten vom Vater auf den Sohn zu vererben. — Von 134 Großvätern der jetzt beschäftigten Metallarbeiter war der Beruf zu ermitteln. Es waren unter ihnen nur 12, das sind 8,9 Prozent, die seinerzeit in der Metallindustrie beschäftigt waren. Wir können also sagen, daß es wohl eine nicht unerhebliche Arbeitergruppe gibt, innerhalb der sich der Beruf, im weitesten Sinne dieses Wortes, vom Vater auf den Sohn überträgt — wir sehen bei einem starken Fünftel der jetzt beschäftigten Metallarbeiter war das der Fall —, daß aber eine Vererbung des Berufes bis in das zweite Geschlecht nur mehr zu den Seltenheiten gehört.

b) Die Arbeiter im Betriebe.

Aus den bis nun gemachten Darlegungen geht bereits hervor, daß der Arbeiter im Betriebe der Siemens-Schuckert-Werke eine relativ selbständige Stellung in bezug auf die Gestaltung seiner Arbeit nicht haben kann. (Vergl. S. 241—250.) Die ganze Art der Arbeit an der Maschine bringt es mit sich, daß eine selbständige Betätigung ziemlich ausgeschlossen ist. Der einzelne Arbeiter hat nur eine Teilarbeit zu verrichten; er ist infolgedessen von der Arbeit desjenigen, der das Stück vor ihm bearbeitet, ebenso wie von der des Arbeiters, der das Stück nach ihm bearbeitet, abhängig.

Vor zehn Jahren ist im Betriebe der Siemens-Schuckert-Werke das Prämienlohnsystem eingeführt worden. Der Vorgang bei diesem System ist folgender: Bei Prämienarbeiten wird mit dem Arbeiter für eine bestimmte Arbeit eine Stundenzahl zur Fertigstellung vereinbart. Braucht der Arbeiter die ganze vereinbarte Zeit, so erhält er für diese nur seinen Stundenlohn. Braucht er weniger Zeit, so erhält er für jede ersparte Stunde einen vereinbarten Bruchteil seines Stundenlohnes als Prämie außer dem auf die gebrauchte Zeit entfallenden Stundenlohne. Die Zahl, welche angibt, den wievielten Teil des Stundenlohnes der Arbeiter als Prämie für jede ersparte Stunde erhält, heißt Prämiensatz und wird dem Arbeiter bekanntgegeben. Gegenwärtig beträgt der Prämiensatz für alle Abteilungen, die früher in Lohn gearbeitet haben, 30%; für alle Abteilungen, die früher in Akkord gearbeitet haben, 50%.

Jeder Arbeiter ist verpflichtet auf Verlangen der Betriebsleitung sowohl im Stundenlohn als auch auf Prämien zu arbeiten. Das Prämienlohnsystem wurde eingeführt, weil man hoffte, damit das Interesse der Unternehmung an rascher Arbeit mit dem der Arbeiter an höheren Verdiensten zu verknüpfen. Die Betriebsleitung ist nach mehrjähriger Anwendung des Prämienlohnsystems im großen und ganzen mit seinem Resultate zufrieden. Insbesondere wird als eine seiner vorteilhaftesten Wirkungen angegeben, daß die Lohnstreitigkeiten mit den Arbeitern sich sehr verringerten.

Weit weniger sind die Arbeiter mit dem Prämienlohnsystem zufrieden. Sie sagen, daß es ein Antreibesystem sei, das zu angestrengtester Arbeit zwinge. Der Mehrlohn, der als Prämie resultiere, sei teuer genug erkauft. Überdies hätten die Arbeiter, wenn sie bei einem Artikel höhere Verdienste erzielten, Lohnreduktionen zu gewärtigen. Die Betriebsleitung betont demgegenüber, daß bei der Einführung des Prämiensystems der Grundsatz aufgestellt wurde, die Lohnsätze nicht zu reduzieren, was auch stets eingehalten worden sei.

Wohl seien aber manche Artikel, die zu teuer gekommen wären, durch ähnliche mit reduzierten Lohnsätzen ersetzt worden, was dann der Anlaß zu öfteren Beschwerden der Arbeiter gewesen sei.

Die folgende Zusammenstellung zeigt wieviele der einvernommenen Arbeiter im Zeit= und wieviele im Akkordlohn arbeiten.

	Es arbeiten im		
	Akkordlohn	Zeitlohn	Abwechselnd Zeit= u. Akkordlohn
Schlosser	59	6	7
Dreher	25	3	2
Mechaniker	22	6	2
Spengler	9	1	1
Schmiede	10	—	—
Bohristen u. Eisenhobler	6	—	—
Presser und Fräser	4	—	—
Schleifer	2	3	—
Wickler	13	—	—
Tischler	—	8	—
Buchbinder	5	1	—
Sattler	—	2	—
Lackierer	2	—	—
Hilfsarbeiter	7	25	—
Hilfsarbeiterinnen	9	—	3
	173	55	15

Die Majorität der Arbeiter im Betriebe der Siemens=Schuckert= Werke arbeitet im Akkordlohn. Wir bemerken indes bei näherem Zu= sehen, daß in den Abteilungen, deren Arbeit leichter meßbar ist, die Akkordarbeit eine größere Rolle spielt als in denjenigen, deren Arbeit komplizierter gestaltet ist.

Auf unsere Frage, welche Entlohnungsart vorgezogen werde, antworteten viele Arbeiter, der Akkordlohn sei ihnen heute lieber, weil er einen höheren Verdienst ermögliche. Dieses ausdrücklich bedingte Vorziehen der Akkordarbeit ist also eigentlich eine Sehnsucht nach ent= sprechend hohem Zeitlohn. Im allgemeinen haben aber wohl auch die Arbeiter, die nichts anderes sagten, als daß sie die Akkordarbeit bevor= zugen, vor allem den höheren Akkordlohn im Auge gehabt (s. die umstehende Tabelle).

Die Mehrzahl der einvernommenen Arbeiter verwirft das Akkordsystem ganz entschieden und ohne Einschränkung. Der Akkord spornt zur größten Ausnützung der Arbeitskraft an. Diese Tat=

	Es bevorzugen die		
	Akkordarbeit	Zeitlohnarbeit	Keine Angabe
Schlosser	25	38	9
Dreher	7	18	5
Mechaniker	8	18	4
Spengler	1	10	—
Schmiede	5	1	4
Bohristen u. Eisenhobler	3	2	1
Presser und Fräser	—	3	1
Schleifer	—	2	3
Wickler	7	5	1
Tischler	—	7	1
Buchbinder	4	2	—
Sattler	1	1	—
Lackierer	—	2	—
Hilfsarbeiter	9	19	4
Hilfsarbeiterinnen	—	4	8
	70	132	41

sache erweckt in der Arbeiterschaft eine Abneigung gegen dieses System, die auch durch momentan zu erzielende höhere Verdienste nicht ganz zu bannen ist. Man nimmt an, daß die jetzt erzielten höheren Akkord= verdienste auch im Zeitlohn, bei weniger intensiver Arbeit erreicht werden könnten, wenn es eben keinen Akkord gäbe. Die Ansicht von der Ver= werflichkeit des Akkordsystems ist unter den Arbeitern, die selbst im Akkord arbeiten, ebenso verbreitet wie unter denen, die gegenwärtig im Zeitlohne stehen. Ein Unterschied in der Beurteilung ist indes insofern zu verzeichnen, als die minder qualifizierten Arbeiter der Akkordarbeit in der Regel immerhin mehr Sympathien abzugewinnen vermögen, als dies bei den höher qualifizierten der Fall ist. So weisen die Schmiede, Wickler und Hilfsarbeiter — auch ein Teil der Schlosser — eine ver= hältnismäßig erhebliche Anzahl Arbeiter auf, die der Akkordarbeit den Vorzug geben. Bei den Hilfsarbeitern überwiegen die Freunde des Akkordsystems sogar die Zahl derer, die selbst im Akkord arbeiten, was in keiner anderen Berufsgruppe der Fall ist.

Die Höhe der von den Arbeitern erreichten Akkord= oder Zeitlöhne ist aus den folgenden drei Tabellen ersichtlich. Die in diesen Tabellen angeführten Wochenlöhne sind stets für den Jahresdurchschnitt berechnet.

1. Akkordlohn.

Beruf	Höhe der wöchentlichen Akkordverdienste												
	12-14	15-17	18-20	21-23	24-26	27-29	30-32	33-35	36-38	39-41	42-44	45-47	48-50
Schlosser	—	1	—	1	4	5	13	5	14	11	2	1	2
Dreher	—	—	—	—	2	2	1	4	6	2	4	3	1
Mechaniker	—	—	1	—	—	3	6	4	5	1	1	—	1
Spengler	—	—	—	—	—	—	4	1	3	1	—	—	—
Schmiede	—	—	—	—	2	2	3	—	3	—	—	—	—
Bohrichten und Eisenhobler	—	—	—	—	—	—	4	—	2	—	—	—	—
Presser und Fräser	—	1	1	—	—	—	2	—	—	—	—	—	—
Schleifer	—	—	—	1	—	—	1	—	—	—	—	—	—
Wickler	—	—	1	—	—	2	3	3	2	2	—	—	—
Buchbinder	—	—	—	—	—	—	2	—	3	—	—	—	—
Lackierer	—	—	—	—	1	—	—	—	1	—	—	—	—
Hilfsarbeiter	—	—	—	—	3	2	1	—	1	—	—	—	—
Hilfsarbeiterinnen	3	6	—	—	—	—	—	—	—	—	—	—	—
Zusammen	3	8	3	2	12	16	36	21	37	20	7	4	4

2. Zeitlohn.

Beruf	Höhe der wöchentlichen Zeitlöhne												
	12-14	15-17	18-20	21-23	24-26	27-29	30-32	33-35	36-38	39-41	42-44	45-47	48-50
Schlosser	—	1	1	—	—	1	—	—	3	—	—	—	—
Dreher	—	—	—	—	3	—	—	—	—	—	—	—	—
Mechaniker	1	—	—	—	1	1	1	1	1	—	—	—	—
Spengler	—	—	—	—	—	—	1	—	—	—	—	—	—
Schleifer	—	—	1	2	—	—	—	—	—	—	—	—	—
Tischler	—	—	—	—	—	1	5	1	1	—	—	—	—
Buchbinder	—	—	—	—	1	—	—	—	—	—	—	—	—
Sattler	—	—	1	—	—	1	—	—	—	—	—	—	—
Hilfsarbeiter	—	2	8	7	5	1	2	—	—	—	—	—	—
Zusammen	1	3	11	9	10	5	9	2	5	—	—	—	—

3. Abwechselnd Zeit- und Akkordlohn.

Beruf	Höhe der wöchentlichen Verdienste												
	12-14	15-17	18-20	21-23	24-26	27-29	30-32	33-35	36-38	39-41	42-44	45-47	48-50
Schlosser	—	—	—	—	1	2	1	—	2	—	—	—	1
Dreher	—	—	—	—	—	—	—	2	—	—	—	—	—
Mechaniker	—	—	—	—	—	—	2	—	—	—	—	—	—
Spengler	—	—	—	—	—	—	—	—	—	1	—	—	—
Hilfsarbeiter	—	3	—	—	—	—	—	—	—	—	—	—	—
Zusammen	—	3	—	—	1	2	3	2	2	1	—	—	1

Die Verdienstunterschiede zwischen den Arbeitern, die im Akkord- und denen, die im Zeitlohn stehen, sind ganz beträchtlich. Während ein **volles Fünftel der Akkordarbeiter (20,2 %)** mehr als 38 Kronen in der Woche verdiente, vermochte von den einvernommenen Zeitlohnarbeitern **nicht ein einziger** einen gleich hohen Wochenlohn zu erreichen. Die Arbeiter, die abwechselnd im Zeit- und Akkordlohn arbeiten, stehen sich etwas besser als die reinen Zeitlöhner, wenn sie auch gewöhnlich die Verdienste der Akkordarbeiter nicht voll zu erreichen vermögen.

Je tiefer sich das Lohnniveau senkt, desto stärker erweist sich, wenn wir die beiden Gruppen miteinander vergleichen, die Besetzung mit Zeitlöhnern. 27,3 % der Zeitlöhner mußten mit einem Verdienste unter 20 Kronen wöchentlich vorlieb nehmen; von den Akkordarbeitern blieben indes nur 8,1 % bei diesen niedrigsten Löhnen. Einen Wochenlohn von 21 bis 29 Kronen verdienten 43,6 % der Zeitlöhner, aber nur 17,3 % der Akkordarbeiter. Dagegen sind natürlich umgekehrt die höheren Lohnklassen um so schwächer von den Zeitlöhnern und um so stärker von den Akkordarbeitern besetzt. Einen Wochenlohn von 30 bis 38 Kronen erreichten 54,4 % der Akkordarbeiter und nur 29,1 % der Zeitlöhner. Mehr als 38 Kronen verdiente wohl, wie wir bereits erwähnten, eine erhebliche Anzahl Akkordarbeiter, aber kein einziger der Zeitlöhner. Während also nahezu drei Viertel der Akkordarbeiter mehr als 30 Kronen in der Woche verdienten, vermochte nicht einmal ein Drittel der Zeitlöhner die gleiche Lohnhöhe zu erreichen.

Das Mißverhältnis zwischen den erzielten Akkord- und Zeitlöhnen ist in allen vergleichbaren Berufsgruppen gleicherweise zutage getreten. Die Verdienste der Schlosser, Dreher, Mechaniker und Hilfsarbeiter zeigen ganz eindeutig, daß das Akkordsystem den Arbeitern erheblich höhere Löhne verheißt. Am verhältnismäßig geringsten ist noch der Unterschied bei den Mechanikern, die zum Teile auch im Zeitlohn annehmbarere Verdienste behaupten konnten.

Die Ergebnisse unserer kleinen Lohnstatistik legten zuerst die Vermutung nahe, daß unter den Zeitlöhnern vielleicht mehr **körperlich untauglichere** Arbeiter seien, als unter den Akkordarbeitern. Wir verglichen deshalb zuerst das Alter der Arbeiter beider Gruppen. Hierbei fanden wir diese Vermutung **nicht** bestätigt, denn es sind unter den Akkordarbeitern 4 mit einem Alter von unter 20 und 6 mit einem Alter von über 50 Jahren, also insgesamt 10 Arbeiter, die eine körperliche Minderwertigkeit voraussetzen ließen. Dagegen weisen die Zeitlöhner 3 Arbeitskräfte unter 20 und 3 über 50 Jahre auf, die Zahl der

Minderwertigen ist also keineswegs verhältnismäßig bedeutender als bei den Akkordarbeitern.

Auch eine Untersuchung der **Militärtauglichkeit** der männlichen Arbeiter zeigt keine wesentlichen Unterschiede zwischen Zeitlöhnern und Akkordarbeitern. Von 156 bei der Stellung gewesenen Akkordarbeitern waren 93, d. h. 59,5%, militärtauglich. Von den 46 bei der Stellung gewesenen Zeitlöhnern wurden 24, d. h. 52,4%, als militärtauglich gefunden. Es ist also die Differenz zwischen beiden Gruppen nicht so groß, um den Schluß zu rechtfertigen, die oder jene Gruppe umfasse die körperlich tüchtigeren Elemente.

Da sich unsere erste Vermutung, das Akkordsystem ziehe die körperlich tüchtigeren Arbeiter an, nicht bestätigte, suchten wir nach anderen Ursachen, um die Auslese der Arbeiter für die Akkordarbeit zu erklären. Die Bedürfnisse des Betriebes, die bald eine kleinere, bald eine größere Zahl Akkordarbeiter erheischen, setzen wir als gegeben voraus. Was wir wissen wollen, ist, wieso der oder jene Arbeiter seine innere Abneigung gegen die Akkordarbeit überwindet und sich diesem Systeme unterwirft, das er am liebsten vollständig beseitigt wissen möchte. Wir untersuchten nun den Zivilstand der Arbeiter. Da fanden wir, daß unter den Zeitlöhnern 32, d. h. 58,2%, **Verheiratete** sind, unter den Akkordarbeitern und Arbeiterinnen aber 123, d. h. 71,1%. Von den Verheirateten hinwieder haben unter den Zeitlöhnern 21, d. h. 65,6% und unter den Akkordarbeitern 102, d. h. 82,9%, für **Kinder** zu sorgen. Es ist also ganz deutlich zu ersehen, daß diejenigen Arbeiter und Arbeiterinnen, die nicht alleinstehend sind, sondern eine Familie zu erhalten haben, in erhöhtem Maße Akkordarbeit verrichten. Aus der **sozialen Stellung**, nicht aus der körperlichen Tüchtigkeit der Arbeiter, erklärt sich mithin die Auslese für das Akkordsystem.

Die Betriebsleitung, der wir von diesem Teile unserer Untersuchung Mitteilung machten, meint allerdings, daß sie den persönlichen Verhältnissen der Arbeiter keinen derartigen Einfluß auf die Frage des Arbeitssystems zubillige. Für sie käme nicht die Person des Arbeiters, sondern lediglich die Art der zu verrichtenden Arbeit in Betracht. Wir betonen demgegenüber, daß auch wir nur eine sich **unbewußt** vollziehende Auslese zur Akkordarbeit annehmen.

Der Betrieb glaubt Akkordarbeiter zu brauchen. Die Arbeiter sind gegen dieses System. Ein Teil von ihnen dürstet aber nach einem Mehrverdienst, das sind vor allem die sorgengeplagten Familienväter. Unter diesen, die notwendig den durch den Akkord erhöhten Lohn brauchen, unter den Familienvätern, findet der Betrieb die Akkordwilligen. Die anderen Arbeiter, die Ledigen und die kinderlosen Verheirateten, suchen sich — wenn möglich — dem Akkord mit seiner intensiveren Arbeitsleistung zu entziehen.

Die Angaben über die erreichte Lohnhöhe vermögen auch einen Fingerzeig für die Stellung zu geben, die die einzelnen Arbeiter oder Arbeitergruppen im Betriebe einnehmen. Es kommt hier vor allem darauf an, den Unterschied zwischen Zugewanderten und Wienern zu untersuchen. Die Betriebsleitung nimmt bei der Arbeiteraufnahme auf die Abstammung der Arbeiter keinerlei Rücksicht. Sie glaubt auch nicht, daß qualitative Unterschiede beträchtlicherer Art zwischen diesen Arbeiter= gruppen bestehen. Wenn wir nun feststellen können, daß die Löhne dieser Gruppen doch Verschiedenheiten aufweisen, dann ist wohl ein Zeugnis einer unbewußt sich vollziehenden Auslese gegeben.

Lohnhöhe in Kronen	Arbeiter aus		
	Dörfern und Märkten	Städten	Wien
12—14 . . .	2	—	2
15—17 . . .	5	3	6
18—20 . . .	6	3	5
21—23 . . .	3	2	6
24—26 . . .	11	2	10
27—29 . . .	15	3	5
30—32 . . .	24	9	19
33—35 . . .	8	3	10
36—38 . . .	16	12	16
39—41 . . .	12	4	5
42—44 . . .	2	4	1
45—47 . . .	2	2	—
48—50 . . .	2	1	2
Zusammen	118	48	87

Um zu einer klareren Übersicht zu kommen, rechnen wir die ab= soluten Ziffern in prozentuelle Verhältnisangaben um. Es ergibt sich dann folgendes Bild:

Lohnhöhe in Kronen	Arbeiter aus		
	Dörfern und Märkten	Städten	Wien
12—29 . .	38,9 %	27,1 %	39,1 %
30—38 . .	44,4 „	50,0 „	51,7 „
39—50 . .	16,7 „	22,9 „	9,2 „
	100 %	100 %	100 %

In Gruppe der geringen Verdienste, der Arbeiter und Arbeiterinnen, die mit weniger als 30 Kronen Wochenlohn vorlieb nehmen müssen, sind die gebürtigen Wiener verhältnismäßig am stärksten vertreten. Nahezu vier Zehntel aller beschäftigten Wiener gehören der Gruppe der schlechtestentlohnten Arbeiter an. Nicht viel besser als den Wienern ergeht es den von den Dörfern und Märkten des flachen Landes Zugewanderten. Freilich ist bei diesen der geringere Verdienst dadurch erklärlich, daß sie, wie wir bereits wissen, sich großenteils der unqualifizierteren Arbeit zuwenden, während hingegen die Wiener höher qualifizierten Berufen zustreben.

Am besten ist die Arbeitergruppe der von den Städten Zugewanderten gestellt. Von ihnen brauchen sich verhältnismäßig die wenigsten mit den niedrigen Lohnsätzen zu begnügen. Es bekräftigt also auch diese Tatsache unsere Annahme, daß die Industrie von den Kleinstädten die tauglichsten Arbeitskräfte bezieht (Vergleiche Seite 255—260).

Eine ganz auffällige Ergänzung zu der Verteilung der niedrigen Verdienste bietet die Besetzung der höheren Lohnklassen. Ebenso deutlich wie die Gruppe der geringsten, weist die der höchsten Verdienste die verhältnismäßig schlechtere Lage der Wiener auf. In der Gruppe der niedrigen Verdienste stehen die Wiener an erster, in der Gruppe der höchsten Verdienste an letzter Stelle. Hier wie dort nehmen die vom flachen Lande Zugewanderten eine Mittelstelle ein, während die Städter als die stärksten Verdiener erscheinen.

Es obliegt uns nun, in diesem Zusammenhange, noch einen Blick auf die Unterschiede in den Lohnverdiensten der deutschen und nichtdeutschen Arbeiter zu werfen. Wir müssen hier drei Gruppen unterscheiden: Deutsche (Österreicher und Reichsdeutsche), Slaven (Tschechen, Südslaven, Polen) und Ungarn. Die erzielten Wochenverdienste verteilen sich in folgender Weise auf diese drei Gruppen:

Lohnhöhe in Kronen	deutsche Arbeiter	slavische Arbeiter	ungarische Arbeiter
12—14	4	—	—
15—17	14	—	—
18—20	12	1	1
21—23	10	—	1
24—26	21	2	—
27—29	17	5	1
30—32	43	5	4
Übertrag:	121	13	7

Lohnhöhe in Kronen	deutsche Arbeiter	slavische Arbeiter	ungarische Arbeiter
Übertrag:	121	13	7
33—35 . . .	14	5	2
36—38 . . .	33	7	4
39—41 . . .	15	6	—
42—44 . . .	5	2	—
45—47 . . .	3	1	—
48—50 . . .	5	—	—
Zusammen:	196	34	13

Um zu einem Vergleiche gelangen zu können, wenden wir hier die gleiche Berechnungsart an, wie bei der Untersuchung der Lohnverhältnisse der zugewanderten und Wiener Arbeiter. Wir finden dann folgendes:

Lohnhöhe in Kronen	deutsche Arbeiter	slavische Arbeiter	ungarische Arbeiter
12—29 . .	39,7 %	23,5 %	23,1 %
30—38 . .	46,0 „	50,0 „	76,9 „
39—50 . .	14,3 „	26,5 „	—

Kein Zweifel, die slavischen Arbeiter pflegten im Durchschnitte höhere Löhne zu erzielen, als ihre in die Erhebung einbezogenen deutschen Kollegen. Freilich ist der Unterschied nicht ganz so groß, als er nach der vorstehenden prozentuellen Übersicht erscheint. In der Kategorie der deutschen Mindestverdiener sind auch sämtliche Hilfsarbeiterinnen eingereiht. Vergleichbar sind diese aber mit slavischen Hilfsarbeiterinnen nicht, weil eben solche an unserer Erhebung nicht beteiligt waren. Wenn wir aber auch von den Hilfsarbeiterinnen ganz absehen, bleibt noch immer eine Quote von 35,8 % deutscher Arbeiter, die mit einem Wochenlohn von weniger als 30 Kronen vorlieb nehmen, während von den Tschechen nur 23,5 % sich mit einem so niedrigen Lohnsatze begnügen. — Anderseits ist es wieder bemerkenswert, daß die höchsten Verdienste, d. i. 48 bis 50 Kronen, nur von deutschen Arbeitern erreicht wurden. Diesen kommt hier wohl in erster Linie ihre bessere theoretische Vorbildung zugute.

Wenn wir nach den Ursachen der Verdienstunterschiede zwischen deutschen und slavischen Arbeitern fragen, käme wohl zuerst die Arbeitstauglichkeit in Frage. Für eine größere Arbeitstauglichkeit der Slaven spräche, daß sie Zugewanderte, daß sie keine Großstädter sind. Anderseits ermangelt es ihnen wieder gerade dadurch für die qualifiziertere Arbeit der besseren theoretischen Bildung. Es dürfte jedenfalls die Tatsache der ländlichen oder kleinstädtischen Abstammung den Slaven eine erhöhte

Arbeitstauglichkeit in den Berufen, die nicht zu den höchstqualifizierten zählen, geben. Es kommt aber noch ein anderer Umstand in Betracht, nämlich die **Arbeitsluft, der Arbeitseifer**. Wir fanden, daß von den einvernommenen 196 deutschen Arbeitern 135, das sind 68,9 %, von den 34 Slaven aber 29, das sind 85,3 %, **nur Akkordarbeiten verrichten**. Die slavischen Arbeiter sind ungleich arbeitseifriger, ungleich akkordwilliger als die deutschen. Das sichert ihnen in den Berufen, die nicht höchstqualifiziert sind, vor allem den höheren Lohn.

Auf die Höhe der erzielten Verdienste ist auch das Alter der Arbeitenden von großem Einfluß. Es ergibt sich da folgende Übersicht:

Alter in Jahren	Lohnhöhe in Kronen												
	12—14	15—17	18—20	21—23	24—26	27—29	30—32	33—35	36—38	39—41	42—44	45—47	48—50
16 bis 20	4	4	2	—	4	—	—	—	—	—	—	—	—
21 „ 25	—	7	5	2	6	3	8	1	1	1	—	—	—
26 „ 30	—	2	3	1	2	5	19	7	13	4	2	1	—
31 „ 35	—	—	1	4	4	4	10	6	13	6	3	2	2
36 „ 40	—	—	1	2	1	2	8	3	6	3	—	1	1
41 „ 45	—	1	1	—	4	1	4	2	5	3	1	—	1
46 „ 50	—	—	—	1	2	3	2	2	4	2	—	—	1
51 „ 60	—	—	1	—	—	4	1	—	2	1	1	—	—
über 60	—	—	—	1	—	1	—	—	1	—	—	—	—

Im Alter von 16 bis 20 Jahren ist der Verdienst der Arbeiter und Arbeiterinnen am geringsten, er steigt in keinem Falle über 26 Kronen wöchentlich. Im nächsten Jahrfünft ist ein erheblicher Ruck nach aufwärts zu konstatieren; von den 34 einvernommenen Beschäftigten dieser Altersklasse verdienten 23, d. h. 67,6 %, weniger als 30 Kronen wöchentlich, aber 11 Arbeiter, d. h. 32,4 %, erzielten 30 und mehr Kronen in der Woche. Noch gibt es aber in dieser Gruppe keine Arbeiter, die mehr als 40 Kronen Wochenlohn erreichen. Das ändert sich nun in der Altersgruppe von 26 bis 30 Jahren. 22 % der Arbeiter dieser Gruppe verdienen weniger als 30 Kronen, 66,1 % haben einen Wochenlohn von 30 bis 38 Kronen, 11,9 % erreichen die Klasse der Höchstverdienste.

Noch besser ergeht es den Arbeitern im nächsten Jahrfünft. Wohl müssen sich 23,6 % der Arbeiter zwischen 31 und 35 Jahren mit einem Verdienst von weniger als 30 Kronen in der Woche begnügen, aber ganz ebenso viele erreichen einen Verdienst von mehr als 38 Kronen.

In keiner anderen Altersgruppe ist die Quote der Höchstverdiener so groß als in dieser. Die Arbeiter zwischen 36 und 40 Jahren weisen wohl eine geringere Besetzung der Mindestverdienste auf (21,4 %), stehen sich also in dieser Beziehung etwas günstiger als die Arbeiter der vorangegangenen Gruppe, dafür erreichen sie aber nicht die gleich hohe Anzahl von Höchstverdienern; dieser Prozentsatz ist 17,1. Jedenfalls erscheinen die Arbeiter im Alter von 31 bis 40 Jahren als die bestgestellten. Nach dem erreichten vierzigsten Lebensjahr geht es mit den Verdiensten langsam wieder bergab. Die Altersgruppe von 41 bis 45 Jahren weist bereits 30,4 % Mindestverdiener auf, dagegen erhält sich vorerst noch eine erhebliche Anzahl Höchstverdiener (21,7 %). Im Alter von 46 bis 50 Jahren erhöht sich der Prozentsatz der Mindestverdiener auf 35,3, der der Höchstverdiener fällt auf 17,6 %. Nach dem fünfzigsten Lebensjahr ist die Verdienstmöglichkeit bereits so sehr gesunken, daß der Stand der Altersgruppe von 21 bis 25 Jahren nahezu erreicht wird. Die Hälfte der Arbeiter zwischen 51 und 60 Jahren verdient weniger als 30 Kronen in der Woche. Von den drei einvernommenen Arbeitern, die älter als 60 Jahre sind, erreichte gar nur mehr einer einen Wochenlohn von mehr als 30 Kronen.

Die Ergebnisse dieser Altersstatistik sind indes nicht so ganz einwandfrei, als es auf den ersten Blick erscheint. Der Einfluß des Alters an sich, als eines bestimmenden Faktors der Lohnhöhe, will sagen der Arbeitstauglichkeit, wird durch mannigfache persönliche Umstände eingeschränkt. In der Periode der höchsten Verdienste zum Beispiel, im Alter zwischen 31 und 40 Jahren, sind die Männer meistens verheiratet. Sie haben für eine Familie zu sorgen und arbeiten deshalb viel eifriger als die Männer anderer Altersklassen, die noch ledig sind oder deren Kinder schon selbst Erwerbsarbeiten verrichten. In der Altersstatistik kommen diese persönlichen Faktoren nicht zum Ausdrucke. Sie wirken aber in der Praxis und schränken die Ergebnisse der Altersstatistik etwas ein, wenn sie sie auch wohl in ihren Grundzügen unerschüttert lassen.

Ungefähr das gleiche Bild, das die Gesamtübersicht über den Einfluß des Alters auf die Lohnverhältnisse vor uns entrollte, ergibt sich bei einer Darstellung dieser Beziehungen in den einzelnen Berufen. Wir lassen deshalb nur für die vier wichtigsten Berufe — Schlosser, Dreher, Mechaniker und Hilfsarbeiter — diese Detailtabellen folgen.

Beruf	Alter in Jahren	Lohnhöhe in Kronen												
		12–14	15–17	18–20	21–23	24–26	27–29	30–32	33–35	36–38	39–41	42–44	45–47	48–50
Schlosser	16 bis 20	—	1	—	—	2	—	—	—	—	—	—	—	—
	21 „ 25	—	—	—	1	1	2	2	—	1	1	—	—	—
	26 „ 30	—	—	—	—	—	2	8	1	5	1	—	—	—
	31 „ 35	—	—	1	—	—	—	2	1	8	5	1	1	1
	36 „ 40	—	—	—	—	—	1	1	1	2	2	—	—	1
	41 „ 45	—	1	—	—	—	—	1	—	2	2	1	—	1
	46 „ 50	—	—	—	—	2	—	—	2	1	—	—	—	1
	51 „ 60	—	—	—	—	—	2	—	—	—	—	—	—	—
	über 60	—	—	—	—	—	1	—	—	—	—	—	—	—
Dreher	16 bis 20	—	—	—	—	1	—	—	—	—	—	—	—	—
	21 „ 25	—	—	—	—	1	—	—	1	—	—	—	—	—
	26 „ 30	—	—	—	—	—	—	3	1	1	2	1	—	—
	31 „ 35	—	—	—	—	1	1	1	2	1	—	2	1	1
	36 „ 40	—	—	—	—	1	—	—	—	2	—	—	—	—
	41 „ 45	—	—	—	—	1	—	—	—	—	—	—	—	—
	46 „ 50	—	—	—	—	—	—	1	—	2	1	—	—	—
	51 „ 60	—	—	—	—	—	—	—	—	—	—	—	—	—
	über 60	—	—	—	—	—	—	—	—	—	—	—	—	—
Mechaniker	16 bis 20	1	—	1	—	—	—	—	—	—	—	—	—	—
	21 „ 25	—	—	—	—	1	1	3	—	—	—	—	—	—
	26 „ 30	—	—	—	—	—	2	2	3	1	—	—	—	—
	31 „ 35	—	—	—	—	—	1	1	1	1	1	—	—	1
	36 „ 40	—	—	—	—	—	—	—	1	1	—	—	—	—
	41 „ 45	—	—	—	—	—	—	—	—	1	—	—	—	—
	46 „ 50	—	—	—	—	—	—	2	—	1	—	—	—	—
	51 „ 60	—	—	—	—	—	—	1	—	1	—	—	—	—
	über 60	—	—	—	—	—	—	—	—	—	1	—	—	—
Hilfsarbeiter	16 bis 20	—	1	1	—	1	—	—	—	—	—	—	—	—
	21 „ 25	—	1	2	1	—	—	—	—	—	—	—	—	—
	26 „ 30	—	—	2	—	2	1	1	—	1	—	—	—	—
	31 „ 35	—	—	—	3	3	—	2	—	—	—	—	—	—
	36 „ 40	—	—	1	2	—	—	—	—	—	—	—	—	—
	41 „ 45	—	—	1	—	2	—	—	—	—	—	—	—	—
	46 „ 50	—	—	—	1	—	1	—	—	—	—	—	—	—
	51 „ 60	—	—	1	—	—	1	—	—	—	—	—	—	—
	über 60	—	—	—	—	—	—	—	—	—	—	—	—	—

Bei den Schlossern, Drehern und Mechanikern ist ebenso wie in der Gesamtübersicht eine allmähliche Erhöhung der Verdienste vom zwanzigsten Lebensjahr an zu bemerken. Zwischen 30 bis 40 Jahren ist der Höhepunkt erreicht, dann geht es wieder langsam bergab. Etwas anders scheint es bei den Hilfsarbeitern zu sein. Diese erreichen ihren Höchstverdienst in früheren Jahren als die qualifizierten Arbeiter. Vom dreißigsten, spätestens vom fünfunddreißigsten Jahre an tritt bei den Hilfsarbeitern bereits eine

Wendung zum schlechteren ein. Es kommt bei ihnen eben mehr auf die körperliche Kraft, die bis zu diesen Jahren am größten zu sein pflegt, an, als auf die durch lange Übung erworbene Geschicklichkeit der qualifizierten Arbeiter.

Wir erwähnten bereits bei unserer Darstellung der Akkordarbeit, daß der Familienstand der Arbeiter auf die Lohnverhältnisse von erheblichem Einflusse sei. Zu dem gleichen Ergebnisse gelangt man, wenn man die durchschnittlich erreichte Lohnhöhe der Arbeiter und Arbeiterinnen untersucht. Wir stellen, um vergleichbare Ziffern erhalten zu können, nur die Löhne von Arbeitern, die das 24. Lebensjahr bereits überschritten haben, einander gegenüber. Da kommen wir zu folgendem Resultat: Die 41 Ledigen dieses Alters erzielten einen durchschnittlichen Wochenlohn von 29,12 Kronen, die 26 Verheirateten, die für keine Kinder zu sorgen haben, einen solchen von 32,23 Kronen, während die 139 Verheirateten, die für ein oder mehrere Kinder zu sorgen haben, einen Durchschnittslohn von 34,04 Kronen erreichten.

Es wären hier zwei Annahmen möglich: Entweder die weniger verdienenden Arbeiter heiraten nicht, weil sie fürchten eine Familie nicht erhalten zu können, oder diese Arbeiter verdienen weniger, weil sie nicht so arbeitseifrig sind, als die Verheirateten. Nach dem, was wir über die Beteiligung der ledigen und verheirateten Arbeiter an der Akkordarbeit gefunden (vergleiche Seite 277), halten wir die zweite Annahme für die richtigere. Der niedrigere Lohn der Ledigen ist die natürliche Folge der Tatsache, daß diese sich nicht so leicht zur Akkordarbeit hergeben, sondern womöglich bei dem weniger anstrengenden Zeitlohnsystem bleiben. Bekräftigt wird diese Annahme noch durch den Umstand, daß auch die kinderlosen Verheirateten weniger verdienen als die mit Kindern gesegneten. Die letzteren sind die akkordwilligsten, die arbeitseifrigsten, weil sie den Mehrverdienst am nötigsten brauchen.

Es erübrigt uns nun noch den Einfluß der Schulbildung auf die Lohnhöhe festzustellen. Leider war es nicht möglich ein genügend großes Material für die von den Arbeitern besuchten Fachkurse zu erhalten; wir mußten uns deshalb begnügen, die Einwirkungen der Elementarschulbildung aufzudecken. Um vergleichbare Daten zu erhalten, konnten wir auch hier nicht alle einvernommenen Personen auf das Verhältnis zwischen Schulbildung und Lohnhöhe hin untersuchen. Wir mußten vorerst die Frauen ausschalten; dann aber auch die männlichen Arbeiter unter 20 Jahren, weil deren Entwicklung ja noch nicht abgeschlossen zu sein pflegt. Gerade diejenigen, die eine bessere Schulbildung haben und gewöhnlich auch noch einige Jahre in der Berufslehre zubringen, pflegen im Alter bis zu 20 Jahren weniger zu verdienen, als die ungebildeteren, die auch einen größeren Prozentsatz unqualifizierter Arbeiter umfassen.

Es blieben mithin für unseren Vergleich 220 männliche Arbeiter im Alter von mehr als 20 Jahren. Von diesen haben 3 gar keine Schule und 102 nur eine Volksschule besucht. 115 Arbeiter besuchten außer der Volksschule noch eine Bürgerschule, einige Klassen Mittelschulen oder ein ähnliches Institut. Die Volksschüler und die, die gar keine Schule besuchten, erreichten einen wöchentlichen Durchschnittslohn von 31,73 Kronen. Die Arbeiter, die außer der Volksschule noch eine weitere Schule besuchten, erzielten einen Durchschnittslohn von 33,05 Kronen. Die Arbeiter mit vermehrter Schulbildung weisen also einen bedeutsamen Mehrverdienst auf. Freilich kann aus dieser Tatsache nicht ohne weiteres auf den nutzenbringenden Einfluß der besseren Schulbildung geschlossen werden, obwohl dieser Schluß alle Wahrscheinlichkeit für sich hat. Es müßte aber, will man vollständig klar sehen, immerhin untersucht werden, ob nicht die Personen mit geringerer Schulbildung an und für sich die Minderwertigeren seien, d. h. ob sie nicht ihrer Rasse nach, oder dem Milieu entsprechend aus dem sie kommen, von vornherein als schwächer und weniger entwicklungsfähig zu gelten haben. Über den Rahmen der vorliegenden Arbeit ginge natürlich eine solche Untersuchung weit hinaus.

Die Darstellung der Arbeitsbedingungen im Betriebe und deren Wirkungen auf die Arbeiter führt uns nun zur Frage der Arbeitszeit.

Die normale Arbeitszeit beträgt für den ganzen Betrieb 50 Stunden die Woche. Von Montag bis einschließlich Freitag wird von 7 bis 12 Uhr vormittags und von 1 bis 5 Uhr nachmittags, am Samstag nur von 7 bis 12 Uhr vormittags gearbeitet. Frühstücks= oder Jausen=pausen sind nicht eingeführt, infolgedessen auch die Mitnahme von Nahrungsmitteln und Getränken in die Fabrik nicht gestattet ist.

Die verhältnismäßige Kürze der Arbeitszeit hat nach den Aussagen der Betriebsleitung insofern günstige Wirkungen, als sie die jetzt bestehende höhere Intensität der Arbeit möglich macht.

In den späteren Nachmittagsstunden ist, besonders im Sommer, eine Erschlaffung der Arbeiter zu bemerken. Es wird nun einerseits das Arbeitsquantum geringer, anderseits — und das ist besonders wichtig — leidet die Präzision und Genauigkeit der Arbeit. Bei der, wie wir ge=sehen haben, oft unvermeidlich monotonen Arbeit ist die ununterbrochene

Aufmerksamkeit, die die exakten Arbeiten erfordern, nicht zu erhalten, wenn die Arbeitszeit zu lange ausgedehnt ist.

Auch die Psychologie des Arbeiters darf nicht außer acht gelassen werden. Wenn der Arbeiter meint, daß seine Arbeitszeit über das Normale gehe oder wenn er weiß, daß andere Arbeiter eben feiern während er noch arbeiten muß, dann schwindet seine eigene Arbeitslust. So ist an Feiertagen, an denen manchmal im Betriebe gearbeitet wird, ganz offensichtlich eine geringere Arbeitslust zu bemerken. Es fehlt dann die rechte Stimmung zu intensiver Arbeit. Um diesem Unlustgefühle der Arbeiter wenigstens etwas zu begegnen hat z. B. die Betriebsleitung der Siemens-Schuckert-Werke den beschäftigten Arbeitern an Feiertagen im Betriebe das Rauchen gestattet. Diese kleine Erleichterung soll den Arbeitern die bittere Pille, der Arbeit an Feiertagen, ein wenig versüßen. Im allgemeinen also: wenn die Arbeitszeit lange dauert, sinkt die Arbeitsintensität, während doch ein großer Teil der Betriebskosten — außer den Löhnen der Akkordarbeiter — sich gleich bleibt.

Über den Eintritt der Ermüdung machten 181 Arbeiter und Arbeiterinnen Angaben. Danach war eine Ermüdung zu verspüren bei

	vormittags	nachmittags	nach Arbeitsschluß	keine Angabe
Schlossern	11	35	3	13
Drehern	—	17	4	9
Mechanikern . . .	—	19	5	6
Spenglern	—	7	—	4
Schmieden	1	7	1	1
Bohristen u. Eisenhoblern	1	3	2	—
Pressern u. Fräsern .	—	2	—	2
Schleifern	1	2	1	1
Wicklern	—	6	2	5
Tischlern	—	7	—	1
Buchbindern . . .	1	2	3	—
Sattlern	1	—	—	1
Lackierern	—	1	—	1
Hilfsarbeitern . . .	—	16	4	12
Hilfsarbeiterinnen .	—	5	1	6
Zusammen	16	129	26	62

In den späten Nachmittagsstunden nach 3, gegen 4 und 5 Uhr fühlen die meisten Arbeiter bereits eine Ermüdung. Freilich hängt das frühere oder spätere Eintreten der Ermüdung sehr von der körperlichen Beschaffenheit des betreffenden Arbeiters ab. Immerhin ist zu bemerken, daß in manchen Abteilungen, so bei den Schlossern und Schmieden, die Ermüdung zumeist früher eintritt als in anderen, etwa bei Drehern und Mechanikern.

Als **anstrengende** Arbeiten werden von den Arbeitern empfunden: in der **Schlosserei** das Feilen und Meißeln, die Handarbeiten beim Schraubstock, das Heben großer Arbeitsstücke, das Achthaben auf schnelllaufende Maschinen; in der **Dreherei** die notwendigerweise stets gleiche Körperhaltung, das Stehen während des ganzen Tages und auch hier das stete Achthaben auf die Maschine; in der **Spenglerei** die Hantierung mit Säuren; in der **Schmiede** der Aufenthalt bei den Feuern, das Heben schwerer Gegenstände usf.

Von den Arbeitern fast aller Abteilungen wird über die geisttötende Monotonie der Arbeit, über die trotz aller hygienischen Vorkehrungen, nicht zu vermeidenden Einwirkung schlechter Luft und über die erforderliche stete Aufmerksamkeit bei den vielen genauen Arbeiten geklagt.

Die eintönige Reizlosigkeit der Arbeit wird noch dadurch vermehrt, daß den Arbeitern eine Einwirkung auf die Qualität des Arbeitsproduktes nur in sehr beschränktem Maße zusteht. Soweit aber eine solche Einwirkung überhaupt möglich ist, handelt es sich um die Betätigung eben derjenigen Tugenden, die eine Überwindung der Lust an Abwechslung bedeuten. Eine mögliche Einwirkung auf die Qualität besteht vorwiegend nur in der Genauigkeit, in der Präzision der Arbeit, d. h. sie erfordert das **Ausharren in der Monotonie**.

Auf die **Quantität** des Arbeitsproduktes ist der Einfluß des Arbeiters gewöhnlich größer als auf die Qualität. Die mehr oder minder große Ausnutzung der Maschine hängt zu einem großen Teile von der Geschicklichkeit des Arbeiters ab. Er kann die Maschine rascher bedienen, die Arbeitswerkzeuge besser instand halten usf. Die durch eine lange Übung erlangte Handfertigkeit und Erfahrung bei der Maschinenbedienung erklären vielfach die Unterschiede in der quantitativen Leistungsfähigkeit der Arbeiter.

Zur **Ausbildung** einzelner Arbeiterkategorien, vor allem der Schlosser und Mechaniker, ist im Betriebe der Siemens-Schuckert-Werke das Lehrsystem eingeführt, das wir auf Seite 264 bereits beschrieben haben. Zu anderen Verrichtungen, wie zum „Wickeln", „Bohren", „Fräsen" werden Arbeiter **angelernt**. Die Neuaufgenommenen werden einige Zeit als Hilfsarbeiter verwendet, um dann bei entsprechender Qualifikation selbst eine Maschine zur selbständigen Bedienung zu erhalten. Ganz einfache Verrichtungen, etwa die Bedienung kleiner Maschinen in der

Stanzerei oder Presserei, werden ungelernten Arbeitern, die gar keine besonderen sachlichen Vorkenntnisse zu haben brauchen, anvertraut.

Die Fabrikslehre dauert drei Jahre. Wann der Lehrling zur vollen Leistungsfähigkeit eines Arbeiters gelangt, ist nicht leicht feststellbar, weil der Lehrling, sobald er eine Arbeit erlernt hat, in eine andere Abteilung zu einer neuen Arbeit kommt, während der Arbeiter gewöhnlich in seiner Abteilung bleibt und durch fortgesetzte Übung die Leistungsfähigkeit erhöht. Alle die Verrichtungen, die unter Umständen ein gut gelernter Schlosser oder Mechaniker ausführen kann, vermag der Lehrling wohl erst in seinem letzten Lehrjahre zu beherrschen.

Das Anlernen dauert natürlich in jeder Abteilung, zu jeder Arbeit verschieden lang. Von den einfachen Handgriffen, die in wenig Wochen erlernt werden können, bis zu komplizierten Wicklerarbeiten, die erst nach vielen Monaten vollständig beherrscht zu werden pflegen, läuft eine vielgliedrige Kette.

Je entwickelter die Maschinentechnik wird, bei desto mehr Arbeiten kann die Fabriklehre durch die Anlernung ersetzt werden — so wurde z. B. die Wicklerei früher nur von gelernten Schlossern ausgeübt —, während hinwieder der Anlernungsprozeß selbst — man denke an die Vereinfachung des Bohrens durch die Bohrlehre — eine beständige Abkürzung erfährt.

Einen Arbeiter nach seiner Neigung im Betriebe zu beschäftigen, ist wenig Gelegenheit, wenn auch derartige Fälle vorkommen. Es handelt sich da etwa darum, einen Arbeiter, der bereits lange Zeit eine monotone Arbeit verrichtete und zu ihr nun Unlust zeigt, eine kleine Abwechslung zu gewähren, um ihn so wieder leistungsfähiger zu machen. Derartiges kommt aber, wie gesagt, nur ganz ausnahmsweise vor.

Die Notwendigkeit, aus technischen Gründen oder aus Mangel an Arbeitspersonal einen Wechsel der Arbeit vorzunehmen, ist gleichfalls gering.

Auch der Spielraum hierfür ist eng gesteckt. Man kann einen Schlosser zu Mechanikerarbeiten verwenden, ältere Schlosser werden Dreher, aber ein betriebstechnischer Vorteil liegt darin nicht. Auch die Arbeiter sind solchen Verschiebungen, die in der ersten Zeit der neuen Arbeit einen Lohnverlust zu bedeuten pflegen, wenig geneigt. Aus Lerneifer sind wohl manchmal Arbeiter dem Arbeitswechsel geneigter, aber das pflegt nur bei jüngeren Leuten vorzukommen.

Es kann auch ein Arbeitswechsel in der Weise stattfinden, daß Arbeiter von einer Maschine zu einer anderen, also etwa von einer

Bohr- zu einer Fräsmaschine gestellt werden. Es handelt sich hier nur um die Gewöhnung an eine neue Maschine, nicht um das Erlernen und Betätigen neuer Fähigkeiten. Im allgemeinen geht indes die Entwicklung dahin, den Arbeitswechsel möglichst zu vermeiden. Die Spezialisierung der Arbeit läßt es für den Betrieb vorteilhafter erscheinen, die Arbeiter bei einer Arbeit zu halten und durch fortgesetzte Übung die Tauglichkeit zu dieser Arbeit zu vermehren. Anderseits macht auch das unmittelbare Interesse an höhere Verdienste den Arbeiter zum Verbleib bei der einmal eingeübten Arbeit bereit. Wenn so auch innerhalb des Betriebes die Grenzen des Arbeitswechsels enge gesteckt sind, kommt der Berufswechsel doch außerhalb des Betriebes vielfach vor. Das Schicksal wirft in blinder Laune die Arbeiter bald in diesen bald in jenen Beruf.

50 Arbeiter gaben an, daß sie außer der Kenntnis des gegenwärtig ausgeübten Berufes noch weitere Berufsgeschicklichkeiten beherrschen. Die zutage getretene Kombinationen waren folgende:

Schlosser-Elektromonteur, Kunstgärtner, Pferdebeschirrer, Graveur und
    Ziseleur, Maler, Zeichner, Dampfmaschinenbauer, Wäscheputzer,
    Glaser, Chauffeur, Galvaniseur.
Mechaniker-Maschinenbauer, Zeichner, Hobler, Anstreicher, Uhrmacher.
Spengler-Wickler.
Sattler-Lokomotivführer.
Wickler-Dreher, Bauarbeiter, Bahnarbeiter, Hausweber, Monteur.
Schmied-Wickler.
Schleifer-Theaterchorsänger.
Hilfsarbeiter-Zeichner, Schuhmacher, Bohrist, Riemer, Sattler, Müller,
    Schneider, Maschinenschreiber, Stenograph, Gießereiarbeiter, Kranführer, Monteur, Baugerüster, Kutscher, Speditionsarbeiter.

Ein Mechaniker gab an, daß er gelegentlich an Zeitungen mitarbeite, ein zweiter Mechaniker, daß er einige kleine technische Erfindungen gemacht habe.

Im allgemeinen vermögen wir in der Frage der Zu- oder Abnahme der Berufskombination zwei Tendenzen wirksam zu sehen. Die Vereinfachung des Arbeitsprozesses durch die technische Entwicklung macht den Berufswechsel leichter. Eine höhere Qualifikation des Arbeiters erscheint vielfach überflüssig. Anderseits führt aber gerade die Vereinfachung des Arbeitsprozesses zu einer einseitigen Ausbildung der Arbeiter, die den Berufswechsel wieder erschwert. — Diese beiden Tendenzen wirken gegeneinander, bald ist die, bald jene die stärkere. In der Zeit einer drückenden Arbeitslosigkeit überwindet die Sucht, überhaupt eine Arbeit zu finden, leichter die technischen Schwierigkeiten des Berufswechsels.

Auf die Frage, **wann** der Arbeiter aufhöre in seiner Arbeitskategorie eine **genügende Leistung** zu bieten, antwortete die Betriebsleitung, daß hier zu sehr persönliche Eigenschaften mitspielten, als daß eine allgemeine Beurteilung zu befriedigenden Resultaten führen könnte. Die Verschiedenheit der physischen Kraft, der Lebenswandel, die Zufälle des Lebens, das seien Imponderabilien, die sich auf ihre Wirkung nicht abschätzen ließen.

Die Arbeiter machten konkretere Angaben. Von den **Schlossern** meinten 63, daß ein Berufskollege im Alter von 45 bis 50 Jahren nur schwer mehr eine Arbeit finden könne. Einige wenige Schlosser geben eine spätere Altersgrenze an. In ähnlicher Weise antwortete die Mehrzahl der Arbeiter der anderen Berufe. Das Alter von 45 bis 50 Jahren gilt unter den Arbeitern allgemein als die Grenze für die berufliche Leistungsfähigkeit. Insgesamt vertreten unter den von uns befragten Arbeitern 131 diese Anschauung. Eine Anzahl Dreher, Hobler, Bohrer, Wickler, Schmiede und Hilfsarbeiter gab sogar ein Alter unter 45 Jahren als die Grenze der beruflichen Leistungsfähigkeit an.

Welche Vorstellungen haben nun die Arbeiter von dem was **nach dem Anlangen an der Grenze der beruflichen Leistungsfähigkeit** folgt? Auf diese Frage antworteten uns 153 Arbeiter und Arbeiterinnen. Die 90 Arbeiter, die diese Frage nicht beantworteten, waren sich selbst nicht recht im klaren, was im Alter mit ihnen geschehen werde. Sie wissen nicht, wovon sie dann werden leben können, wenn ihre berufliche Leistungsfähigkeit sehr herabgemindert ist. 16 Arbeiter hoffen genügende **Ersparnisse** ansammeln zu können, 74 Arbeiter erwarten eine **Altersversorgung** durch die Gemeinde oder eine Altersversicherung des Staates, 13 Arbeiter glauben als Almosenempfänger das Leben fristen zu können, 4 Arbeiter hoffen von dem **Verdienste ihrer Kinder** leben zu können, 12 Arbeiter meinen auch im Alter noch irgendeine **für sie taugliche Arbeit** zu finden, zwei Arbeiter wollen versuchen, sich später als selbständige Meister fortzubringen.

Von der Betriebsleitung werden ältere Arbeiter, die sich bis dahin im Betriebe bewährten, zu einfachen Verrichtungen gestellt; im Werkzeuglager, in den Magazinen und bei leichter zu dirigierenden Maschinen finden sie Unterschlupf. Freilich können solche Arbeitsstellen in einem Betriebe, der auf eine rationelle Ausnützung der Arbeitskräfte das Gewicht legen muß, nicht sehr zahlreich sein, was aber natürlich das Fortkommen der älteren Leute erschwert.

Werkmeisterschulen bestehen im Betriebe der österreichischen Siemens-Schuckert-Werke nicht. Die „aufgerückten" Arbeiter, Monteure und Werkmeister rekrutieren sich gewöhnlich aus den gewöhnlichen Arbeitern des Betriebes. Qualifizierte Arbeitskräfte, die über einige theoretische Fachkenntnisse verfügen und während ihrer bisherigen Verwendung sich als verläßlich und pflichtgetreu erwiesen, bilden den Stamm derer, die Werkmeister werden können. Besonderes Gewicht muß indes darauf gelegt werden, daß der Werkmeister mit dem Arbeiter umzugehen verstehe. Er muß sich persönlich zu beherrschen wissen und viel Taktgefühl im Verkehr mit seinen früheren Kollegen aufbringen können. Der Übereifer mancher Werkmeister führe, sagt die Betriebsleitung, zu Mißhelligkeiten mit den Arbeitern, was den Betrieb nur schädige.

Die arbeitsteilige Produktion bringt es mit Notwendigkeit mit sich, daß die Zahl der Aufsichtspersonen wächst. Es schieben sich immer mehr Faktoren ein, die zwischen den Spezialarbeit verrichtenden Arbeitskräften das kontrollierende Bindeglied bilden müssen. Die Werkmeister sind an der Quantität des erzeugten Produktes nicht in der Weise interessiert wie die Arbeiter, sie stehen durchwegs im Zeitlohn.

Das Selbständigwerden der Arbeiter, das Aufsteigen zum Meisterstand wie es in früheren Zeiten üblich war, wird bei der entwickelten Maschinentechnik und der benötigten Kapitalkraft in der modernen Produktion immer seltener. Es kommen nur mehr vereinzelte Fälle vor, daß Arbeiter des Großbetriebes selbständige Handwerksmeister werden. Man begegnet solchem Standeswechsel unter den Spenglern und vereinzelt auch unter den Mechanikern. Die letzteren eröffnen eine kleine Fahrrad- und Nähmaschinenreparaturwerkstätte, allerdings ohne viel Aussicht zu haben, sich erfolgreich behaupten zu können.

Die vielen kleineren und größeren Unfälle, die in einem so großen Betriebe wie im Siemens-Schuckert-Werk nicht leicht zu vermeiden sind, veranlaßten die Betriebsleitung, eine Sanitätsstation für die erste Hilfeleistung einzurichten. Der dort amtierende Betriebsarzt leistet nicht nur bei Unfällen die erste Hilfe, sondern erteilt auch anderweitige ärztliche Ratschläge. Natürlich gehen diese über die ambulatorische Behandlung nicht hinaus. Wenn ein kranker Arbeiter vom Betriebsarzt als arbeitsunfähig erklärt wird, dann obliegt die weitere Behandlung dem Krankenkassenarzt. In der Sanitätsstation des Betriebes wurden im Jahre 1908 bei 3570 Verletzungen und 2126 Erkrankungen die erste Hilfe geleistet. Es kamen also auf jeden beschäftigten Arbeiter ungefähr vier Interventionen im Jahre.

Von den im Jahre 1908 behandelten Verletzungen und Erkrankungen entfielen auf:

Fremdkörper in Augen und Fingern	378
Bleikolik	2
Zerquetschung der Finger	1
Quetschungen	302
Brandwunden durch Säuren	8
Muskelzerrungen	26
Zerrungen	17
Zerrungen in den Leisten	1
Knochenbrüche	4
Leistenbrüche	8
Verrenkungen	1
Sehnenzerrungen	32
Sehnenscheidenentzündungen	27
Schnittwunden	681
Quetschwunden	361
Rißwunden	1213
Stichwunden	128
Rißquetschwunden	116
Brandwunden	142
Hautabschürfungen	330
Bronchitis (Lungenkatarrh)	143
Kopfschmerzen	128
Influenza	170

Am öftesten war die ärztliche Intervention bei kleinen Verletzungen wie Hautabschürfungen, Schnittwunden, Rißwunden und Quetschungen nötig. Dazu kommt dann noch die große Gruppe der Unfälle durch Eindringen von Fremdkörpern in Augen und Fingern. Bei der Arbeit an der Kreissäge, beim Meißeln und Feilen, entstanden zumeist diese Verletzungen. —

Nun noch ein Wort über die Organisationszugehörigkeit der Arbeiter der Wiener Siemens-Schuckert-Werke. 80 bis 90 % aller beschäftigten Arbeiter sind Mitglieder des Verbandes der Metallarbeiter Österreichs. Der Rest gehört überhaupt keiner gewerkschaftlichen Organisation an. Die Organisierten verteilen sich ziemlich gleichmäßig auf alle Betriebsabteilungen. Im allgemeinen sind indes die qualifizierten Arbeitskräfte zu einem größeren Teile organisiert als die anderen, sie bilden den festesten Kern der gewerkschaftlichen Mitgliedschaft.

c) Einwirkungen des Betriebes auf die Arbeiter.

Die Lebenshaltung der Arbeiter der Siemens-Schuckert-Werke weist nicht jenes düstere Elendsbild auf, das uns in ganz schlecht entlohnten Arbeiterschichten begegnet. Freilich, von einer durchaus befriedigenden Lebenshaltung wird auch hier nicht gesprochen werden. Es zeigt uns die Lebensführung der in den Siemens-Schuckert-Werken Beschäftigten, daß es auch verhältnismäßig gut entlohnten, stabil beschäftigten Arbeitern noch immer schlecht genug ergehen kann. Der Durchschnittsarbeiter der Siemens-Schuckert-Werke ist gewiß besser daran als viele Arbeiter anderer österreichischer Betriebe, trotzdem — und das wollten wir nur feststellen — kann selbst die Lebenshaltung so mancher dieser Arbeiter bescheidenen Anforderungen kaum genügen.

In einer Reihe von Fällen ist der Lohn noch immer zu niedrig, um der Arbeiterfamilie ein auskömmliches Dasein zu ermöglichen. Wir fanden z. B. einen 48 jährigen Schlosser, der mit einem Wochenlohn von 24 Kronen für vier unmündige Kinder sorgen soll. Sechs Kinder sind ihm, der im barsten Elend lebt, bereits gestorben. Kein Wunder, daß seine Altershoffnung nur das Betteln ist. — Einem anderen Maschinenschlosser — er behauptet ebenso wie der erste alle ihm anvertrauten Schlosserarbeiten ausführen zu können — verdient gleichfalls nur 24 Kronen wöchentlich und muß für drei Kinder sorgen. Vier Kinder sind ihm bereits gestorben. — Ein 51 jähriger Schlosser, der für sich und seine Frau zu sorgen hat, verdient 17 Kronen in der Woche. Seine Wohnung ist 1½ Wegstunden von der Fabrik entfernt. — Ein 31 jähriger Werkzeugmacher hat einen fixen Lohn von 18 Kronen in der Woche. Er bewohnt mit seiner Frau — Kinder sind keine da — ein gemietetes Zimmer. — Ein 62 jähriger Schlosser soll für eine Familie von vier Köpfen sorgen, der Wochenlohn ist 28 Kronen, wozu noch ein kleiner Verdienst der Frau kommt. Sieben Kinder sind diesem Ehepaar gestorben. — Ein 53 jähriger Schlosser, dessen Frau allerdings auch durch Nähen eine Kleinigkeit verdient, muß mit 28 Kronen Wochenlohn drei unmündige Kinder erhalten. Sechs Kinder sind diesem Ehepaar bereits gestorben. — Ein 42 jähriger Sattler hat für zwei Kinder mit einem Wochenlohn von 28 Kronen zu sorgen. Sein Lebensziel ist: „menschlich zu leben". — Ein 36 jähriger Dreher verdient 24 Kronen wöchentlich. Er ist verheiratet und hat ein Kind. — In gleicher Lage ist ein 34 jähriger Mechaniker, der 27 Kronen in der Woche verdient. — Ein 32 jähriger verheirateter Schleifer verdient gar nur 23 Kronen wöchentlich. — Besonders schlimm geht es einem 42 jährigen Schraubendreher, der für vier unmündige Kinder zu sorgen hat, aber nur 24 Kronen Wochenlohn erzielt. — Ein 46 jähriger Schraubendreher muß mit einem Wochenlohn von 28 Kronen für seine Frau und zwei Kinder sorgen, ein Kind ist gestorben. — Ein 55 jähriger Wickler hat mit einem Wochenlohn von 28 Kronen für drei Kinder zu sorgen, vier Kinder sind ihm gestorben. — Ein 32 jähriger Buchbinder verdient 24 Kronen, mit denen er Frau und ein Kind erhalten soll. —

Weit öfter als unter den qualifizierten Arbeitern, finden wir unter den unqualifizierten, unter den Hilfsarbeitern, große wirtschaftliche Not. Ein 27 jähriger Magazinarbeiter verdient 24 Kronen in der Woche, davon sollen drei Personen leben. — Ein 47 jähriger Packer mit einem Verdienst von 22 Kronen hat für seine Frau und vier unmündige Kinder zu sorgen. — Wir fanden ferner unter den Hilfsarbeitern: Einen 44 jährigen mit einem Wochenlohn von 25 Kronen, der für zwei unmündige Kinder zu sorgen hat; einen 36 jährigen mit einem Lohn von 21 Kronen, der für ein Kind zu sorgen hat. Hier hilft auch die Frau, die Bedienerin ist, ein wenig mit, den Verdienst zu erhöhen. — Ein verheirateter 28 jähriger hat mit einem Lohn von 27 Kronen für Frau und Kind zu sorgen; ein 46 jähriger mit einem Lohn von 28 Kronen hat für drei Kinder, ein 33 jähriger mit einem Lohn von 21 Kronen für drei Kinder zu sorgen. Die Frau verdient als Wäscherin monatlich einige Kronen. Ein Kind ist dem Ehepaar gestorben. — Ein 39 jähriger verdient 20 Kronen. Frau und ein Kind ist zu erhalten. — Ein 32 jähriger verdient 21 Kronen. Die Frau ist Modistin. Ein Kind ist zu erhalten. Der Mann ward vom Unglück sehr verfolgt. Als Privatbeamter hatte er einen sehr guten Posten, den er infolge des Einrückens zum Militär verlor. Vom Militär zurückgekehrt, mußte er annehmen, was sich ihm gerade bot. So wurde er Hilfsarbeiter. — Ein 33 jähriger verdient 26 Kronen, von denen vier Personen leben sollen. Zwei Kinder sind bereits gestorben. — Ein 28 jähriger verdient 20 Kronen. Frau und zwei Kinder sind zu erhalten. Ein 41 jähriger erreicht einen Wochenverdienst von 26 Kronen. Er hat für seine Frau und fünf Kinder zu sorgen. Ein Kind ist ihm gestorben.

Die Möglichkeit, den Arbeitsverdienst anderweitig zu erhöhen, ist für die meisten Arbeiter nicht sehr groß. Von den einvernommenen Arbeitern haben nur 14 einen Nebenberuf. Sechs von diesen sind Hausbesorger, je einer ist: Milchausträger, Zeitungsausträger, Theaterstatist, Chorsänger, Genossenschaftskassierer, Gemischtverschleißer, Inhaber einer Feinputzerei, Inhaber eines Milchgeschäftes.

Unter den Frauen der 160 verheirateten Arbeiter sind 36, die selbst ebenfalls erwerbstätig sind. Ihrem Berufe nach waren diese Frauen: elf Wäscherinnen, Putzerinnen, Bedienerinnen, zwei Tabakarbeiterinnen, neun Schneiderinnen, Näherinnen, Handarbeiterinnen, zwei Friseurinnen, zwei Beamtinnen, drei Hausbesorgerinnen, vier Geschäftsinhaberinnen (Milchgeschäft, Wäscheputzerei, Krämerei), eine Zeitungsausträgerin, eine Modistin und eine Packerin.

Von den befragten 243 Arbeitern und Arbeiterinnen wohnen 193 in Mietwohnungen. Die Wohnung besteht zumeist nur aus einem Zimmer und der Küche. Ein großer Teil der Mieter, vor allem die Ledigen, aber auch eine Anzahl Verheirateter, verfügen gar nur über einen Raum. Es gaben nicht alle Befragten an, wie groß ihre Wohnung ist. Doch fanden wir 19 Verheiratete, die nur über einen Raum verfügen. Elf von diesen hatten ein oder mehrere Kinder.

18 der Wohnungsmieter haben je einen und zwei haben je zwei Schlafgänger. 45 Arbeiter und Arbeiterinnen, es sind Ledige, haben nur eine Schlafstelle inne. Unter allen Befragten fanden wir nur vier Arbeiter, die ein eigenes Haus besitzen. Freilich sind auch diese Häuser nichts anderes denn mehr oder weniger baufällige Hütten in der weiteren Umgebung Wiens. Zwei dieser Häusler arbeiten in den Siemens-Schuckert-Werken als Mechaniker, einer als Schlosser und einer als Presser. Diese vier Arbeiter verfügen auch jeder über einen eigenen Garten. Unter den andern Arbeitern und Arbeiterinnen gibt es nur noch drei, die ebenfalls ein Stückchen Gartenboden, das sie gepachtet haben, bewirtschaften können.

Die übergroße Mehrzahl der einvernommenen Arbeiter und Arbeiterinnen wohnt also in den kleinen, kahlen Gelassen der großstädtischen Massenquartiere zur Miete. Vielfach ist die Wohnung ziemlich weit, bei manchen eine Stunde und mehr Straßenbahnfahrt, von der Betriebsstätte entfernt. Trotz der verhältnismäßig kurzen Arbeitszeit bleibt diesen Arbeitern infolgedessen wenig freie Zeit, die sie zu Hause zubringen könnten. Auf die Frage, warum sie nicht in die Nähe der Betriebsstätte übersiedelten, antworteten die Arbeiter, sie seien nun schon einmal an ihren jetzigen Wohnort gewöhnt, oder sie hätten dort in der Nähe Freunde und Verwandte, von denen sie nicht wegziehen wollen, oder auch sie hätten in der Nähe der Betriebsstätte keine passende billige Wohnung gefunden, oder hinwieder es arbeiteten andere Familienangehörige in der Nähe der jetzigen Wohnung.

Trotzdem viele den ganzen Tag nicht nach Hause kommen, nehmen nur 20 die Hauptmahlzeit nicht während der Mittagspause ein. Die andern 223 Arbeiter und Arbeiterinnen essen zu Mittag in ihrer Wohnung oder im Wirtshaus.

Über ihre **Haupterholung** machten 205 Arbeiter und Arbeiterinnen Angaben. Davon sagten 30, es sind darunter fast alle befragten Frauen, daß ihre Erholung im Nichtstun bestände, im Herumsitzen, Liegen oder Schlafen. Es sind das größtenteils die Arbeitskräfte, die, weil sie körperlich etwas schwächer sind, durch ihre Berufstätigkeit am meisten ermüden. 24 Arbeiter finden ihre Erholung im geselligen Verkehr mit Freunden und in verschiedenen Sonntagsvergnügungen. 23 Arbeiter widmen sich irgendeinem Sport, dem Schwimmen, Turnen, Radfahren und der Touristik. Die größte Gruppe, sie umfaßt 64 Arbeiter, wird durch Leute gebildet, die gerne Spaziergänge machen, am liebsten Sonntags einen kleinen Ausflug ins Freie. Überhaupt der Sonntag, er spielt die größte Rolle in der Genußvorstellung des Arbeiters. Die ganze Woche ist ein ständiges Hoffen, ein Zählen der Tage und Stunden auf den ersehnten Ruhetag. Mit dem Sonntag ist fast alles verknüpft, was an Erholung, ruhevollem Genusse und an Vergnügungen im Leben des Arbeiters Raum findet. 31 Arbeiter erholen sich bei der Lektüre von Zeitungen und Büchern, hier und da dem Besuche eines Theaters oder eines billigen Konzertes. Das sind zumeist Wintervergnügungen. Im Sommer wandern auch sie, wenn es halbwegs geht, d. h., wenn die Mittel reichen, Sonntags hinaus ins Freie. 13 Arbeiter halten sich am liebsten im Kreise ihrer Familie auf. 9 Arbeiter sind Wirtshausbesucher oder passionierte Trinker, Raucher und Kartenspieler. Einige Arbeiter finden ihr größtes Vergnügen in der Unterhaltung mit Angehörigen des weiblichen Geschlechts. Eine Arbeiterin erklärte, daß sie sich am wohlsten beim Tanze fühle. Drei Arbeiter gaben an, daß die Tätigkeit für die politische und gewerkschaftliche Organisation, in der sie als Funktionäre wirken, ihre Freude und Erholung bilde.

Auf die Frage, was ihre **liebste Beschäftigung** sei, antworteten unsere einvernommenen Arbeiter und Arbeiterinnen in ähnlicher Weise wie auf die Frage nach ihrer Haupterholung. Beides fiel den meisten in eins zusammen. Die Erholung war das Gute, dessen man nicht sehr oft teilhaftig wurde, die liebste Beschäftigung das Schöne, dessen man sich leider noch seltener erfreute. Die Angaben über die liebste Beschäftigung weisen indes gegenüber denjenigen über die Haupterholung doch einen etwas durchgeistigten, das roh Sinnliche mehr zurückdämmenden Zug auf.

Das Nichtstun und Schlafen erklären nur neun Arbeiter und Arbeiterinnen als ihre liebste Beschäftigung. Zehn Arbeiter sind für den geselligen Verkehr mit Freunden und Bekannten. Der Sport findet das Gefallen von zwölf Arbeitern. Zu diesen kommen allerdings noch eine Anzahl Leser und Theaterbesucher, die im Sommer ebenfalls dem Sporte mit Vorliebe huldigen. An die Stelle der großen Gruppe, die sich an dem Sonntage erfreuen, ist nun die Schar derjenigen getreten, die sich am liebsten mit Lektüre, Zeichnen, Gesang, Musik und dem Studium beschäftigt. Ihrer sind 101. Das Studium, dem einige zu obliegen versuchen, ist das der Naturwissenschaft, der Staatswissenschaft und der Mathematik. Andere sind Amateurphotographen, wieder einige weitere beschäftigen sich mit der Technik. Das Verweilen im Kreise der Familie erscheint 24 Befragten als das angenehmste. Wirtshausbesuch, Rauchen, Trinken und Kartenspiel ziehen sieben Arbeiter vor; den Verkehr mit Mädchen lieben drei Arbeiter. Mit landwirtschaftlicher Arbeit befassen sich 5 Arbeiter am liebsten. Neun Arbeiter widmen sich gerne der Arbeit für die gewerkschaftliche und politische Organisation. Von den Frauen erklärten vier, sie beschäftigen sich gern mit häuslichen= und Handarbeiten, zwei ziehen dem das Lesen vor.

Zwischen den einzelnen Berufsgruppen war ein erheblicher Unterschied weder in der Stellung zur Haupterholung noch in der zur liebsten Beschäftigung feststellbar.

Die Antwort auf unsere Frage, wovon die Arbeiter im Alter zu leben beabsichtigen, offenbarte bei vielen von ihnen einen Zustand trüber Hoffnungslosigkeit (vergl. S. 290). Dieser Eindruck wird noch verstärkt, wenn wir uns vergegenwärtigen, welches Lebensziel die Arbeiter zu erreichen hoffen. Auf unsere dahinzielende Frage konnten 131 Arbeiter und Arbeiterinnen überhaupt keine konkrete Antwort geben, ein Zustand bitterer Resignation hält sie gefangen. Immer wieder hörten wir sagen: „Aus mir wird nichts anderes, als was ich schon bin. Ich kann nicht mehr höher kommen." Zufriedenheit mit dem Verbleiben im Arbeiterstande fanden wir nur sehr selten. „Wir haben uns kein Ziel gesteckt, weil wir verurteilt sind, Arbeiter zu bleiben . . ." „Wir müssen leider Arbeiter bleiben," das waren die Antworten.

Von den Arbeitern, die detaillierte Angaben machten, haben sich als Lebensziel gesteckt:

Schlosser: 4 bei der Eisenbahn angestellt zu werden, 4 einen sicheren Arbeitsposten zu erhalten, 10 möglichst lange Arbeit zu haben, 2 Monteure zu werden, 3 selbständige Meister zu werden, 1 sich als Politiker zu betätigen.

Dreher: 5 möglichst lange Arbeit zu haben, 2 selbständige Gewerbetreibende zu werden, 2 einen besseren Arbeitsposten zu erlangen, 2 seine Kinder gut zu erziehen, 1 der Arbeiterbewegung nützlich zu sein, 2 als Privatier ein sorgenloses Leben zu führen.

Mechaniker: 4 möglichst lange Arbeit zu haben, 2 eine sichere Stellung zu erhalten, 1 selbständiger Meister, 1 Maschinentechniker, 1 Elektromonteur, 1 Erfinder, 1 Musiker zu werden, 1 in der Arbeiterbewegung tätig zu sein.

Bohristen und Eisenhobler: 1 bei seinen Kindern bleiben zu können, 1 kein hohes Alter zu erleben.

Spengler: 4 möglichst lange Arbeit zu haben, 2 einen besseren Arbeitsposten zu erreichen, 2 selbständige Meister zu werden.

Schmiede: 9 möglichst lange Arbeit zu haben.

Wickler: 2 möglichst lange Arbeit zu haben, 4 einen besseren, gesicherten Arbeitsposten zu erlangen, 1 einen Hausbesorgerposten zu erhalten, 1 in den Staatsdienst zu treten.

Schleifer: 1 Schriftsteller zu werden.

Buchbinder: 2 einen besseren Arbeitsposten zu erhalten, 1 kein hohes Alter zu erleben.

Sattler: 1 Geschäftsinhaber zu werden, 1 stets gute Arbeit zu haben.

Tischler: 2 eine Altersversorgung zu erlangen, 1 selbständiger Meister zu werden, 1 eine Erbschaft zu machen.

Hilfsarbeiter: 2 möglichst lange Arbeit zu haben, 4 einen besseren, gesicherten Arbeitsposten zu erhalten, 2 Geschäftsinhaber zu werden, 1 Schriftsteller zu werden, 1 in den Staatsdienst zu treten.

Von den 13 weiblichen Arbeitskräften erklärten fünf, ihr Lebensziel sei die Heirat. Eine Arbeiterin sagte, sie wolle eine sichere Lebensstellung erreichen, womöglich durch eigene Arbeit.

Das Lebensziel, das sich die Arbeiter früher gesteckt haben, war natürlich um vieles sonniger, als das, das ihnen jetzt vor Augen schwebt. In der Gegenüberstellung des früheren und jetzigen Lebenszieles merkt man die getäuschten Hoffnungen. Es war das frühere Lebensziel der

Schlosser: 9 Eisenbahner und Staatsbedienstete, 4 selbständige Meister, 1 Konstrukteur, 1 Vorarbeiter, 1 Tierarzt, 1 Beamter, 1 Uhrmacher und 1 Erfinder zu werden. 2 Schlosser wollten studieren, 1 hoffte im Familienleben sein Heil zu finden, 2 wollten gut bezahlte Arbeiter werden.

Dreher: Es wollten werden: 2 Lokomotivführer, 1 Kapellmeister, 1 Sprachlehrer, 1 Beamter, 1 Erfinder, 1 gut bezahlter Arbeiter. 1 Dreher hoffte in die Welt reisen zu können, 1 als Privatier ein sorgenloses Leben zu führen, 1 wollte studieren.

Mechaniker: Es wollten werden: 1 Techniker, 2 selbständige Gewerbetreibende, 1 Erfinder, 1 Lehrer, 1 Musiker, 1 Forstadjunkt, 3 Mechaniker. 2 Mechaniker erstrebten eine unabhängige, gesicherte Existenz.

Bohristen und Eisenhobler: 1 wollte Musiker, 1 ein gut bezahlter Arbeiter werden.

Spengler: 4 wollten selbständige Meister, 1 ein gut bezahlter Arbeiter werden.

Schmiede: 1 wollte selbständiger Meister, 1 ein gut bezahlter Arbeiter werden, 1 hoffte auf eine gesicherte Existenz.

Wickler: Es wollten werden: 1 Werkführer, 1 Betriebsleiter, 3 gut entlohnte Arbeiter mit gesicherter Existenz, 1 selbständiger Gewerbetreibender. 1 Wickler wollte früher studieren, das Ideal eines anderen war viel Geld zu verdienen.

Buchbinder: 2 erstrebten eine gesicherte Existenz als Arbeiter.

Sattler: Das Ziel des einen war, viel Geld zu verdienen, das des andern eine gesicherte Arbeiterexistenz.

Tischler: 3 hofften selbständige Meister zu werden, 1 glaubte die Landwirtschaft der Eltern übernehmen zu können, 1 baute früher phantastische Luftschlösser von Glück und Ehre.

Hilfsarbeiter: Es wollten werden: 1 Bauzeichner, 1 Mediziner, 1 Staatsbediensteter, 4 selbständige Gewerbsleute, 3 gut entlohnte Arbeiter, 1 Lehrer oder ähnliches.

Hilfsarbeiterinnen: Das Ziel von dreien war die Heirat, 1 baute undefinierbare Luftschlösser, 1 wollte Tänzerin werden.

Die Arbeiter strebten in ihren jüngeren Jahren nach Höherem. Es lockten sie vor allem die Intelligenzberufe. Lehrer, Techniker, Beamter oder ähnliches zu werden, das war ihres vornehmsten Zieles Streben. Neben diesem Ziele begegnet uns noch das, selbständiger Gewerbsmann oder Geschäftsinhaber zu werden. Es lockte hier in gleicher Weise die vermeintliche Unabhängigkeit wie die Sicherheit einer solchen Existenz. Der Mangel von beiden in der Stellung eines Lohnarbeiters wird allgemein am drückendsten empfunden.

Über den Nachwuchs der Arbeiter unterrichten folgende Daten. Von den 188 männlichen Arbeitern, die über 24 Jahre alt sind, haben 136 Kinder. Es wurden ihnen insgesamt 478 Kinder geboren. Davon starben 135, das sind 28,5 %. 343 Kinder blieben am Leben. Die Populationskraft der einvernommenen Arbeiter ist also keine sehr große.

In dem gleichen Betriebe pflegen die Söhne der in den Siemens-Schuckert-Werken beschäftigten Arbeiter nicht oft als Lehrlinge einzutreten. Dagegen scheinen sie sich indes in größerer Zahl dem Berufe des Vaters zuzuwenden, als dies in den früheren Generationen der Fall war (vergl. S. 271). Wir fanden unter den als Metallarbeiter Beschäftigten nur 21, die bereits erwachsene Söhne besitzen. Neun dieser Söhne, also 40 %, wurden ebenfalls Metallarbeiter. Auf die Frage, warum ihre Söhne den gleichen Beruf ergriffen hätten, antworteten die Arbeiter, daß sie im eigenen Berufe leichter eine passende Lehre hätten finden können, auch wäre den Söhnen dieser Beruf ganz recht gewesen. Die Kinder studieren zu lassen, wäre zwar sehr schön gewesen, aber es fehlte an den nötigen Mitteln.

Die Gesamtarbeiterschaft des Betriebes ist wohl durch deutlich gefühlte Interessengemeinschaft miteinander verknüpft, trägt aber nicht den Stempel einer berufsmäßig geschlossenen sozialen Gruppe. Es wäre das für die Arbeiter eines Großstadtbetriebes an und für sich sehr schwer. Der Arbeiterwechsel ist zwar in dem untersuchten Betriebe nicht übermäßig groß, aber doch groß genug, um die Arbeiter der Siemens-Schuckert-Werke mit den Berufsgenossen anderer Betriebe in vielfache Berührung zu bringen. In dem regen persönlichen und geistigen Verkehr vermag eine Abgeschlossenheit nicht zu bestehen.

Auch innerhalb der einzelnen Arbeitergruppen, die von den Siemens-Schuckert-Werken beschäftigt werden, erhält sich eine berufsmäßige Abgeschlossenheit nur in sehr beschränktem Maße. Es fühlt sich der Tischler natürlich in erster Linie als Tischler, der Schlosser als Schlosser, der Mechaniker als Mechaniker, aber sehr weitgehend ist dieses Zusammengehörigkeitsgefühl der Gruppe nicht. Es äußert sich darin, daß ein gewisser Korpsgeist die Arbeiter einer Betriebsabteilung in einigen Ausnahmefällen zusammenhält. Durch das stete Beisammensein während der Arbeit werden auch persönliche Verbindungen hergestellt, die naturgemäß inniger sind als die Verbindungen mit den Arbeitern der anderen Abteilungen. Im allgemeinen fühlt sich aber der Arbeiter des Werkes als Werkarbeiter schlechthin ohne Unterschied des Berufes. Ein gemeinsames Interesse hält die Gesamtheit der Arbeiter in wichtigen wirtschaftlichen Fragen zusammen. Das Interesse an hohen Löhnen und guten Arbeitsbedingungen haben alle Arbeiterkategorien in gleicher Weise. Vor dieser einen wichtigen Gemeinsamkeit verschwinden alle kleinlichen Unterschiede der Branchen. Der Gegensatz zur Betriebsleitung, der übrigens infolge des entgegenkommenden Verhaltens der leitenden Personen nicht sehr schroff ist, erfordert die Notwendigkeit eines geschlossen einheitlichen Vorgehens. Diese Überzeugung ist tiefgewurzelt.

Die gewerkschaftliche Organisation der Arbeiter ist bemüht, die Interessen der einzelnen Gruppen mit denen der Gesamtarbeiterschaft des Betriebes im Einklang zu erhalten, anderseits knüpft sie den Arbeiter des Betriebes fester an die Arbeiter außerhalb des Betriebes. Die gewerkschaftliche Erziehungsarbeit rückt dem einzelnen Arbeiter seine Beziehungen zur Gesamtarbeiterschaft immer wieder vor Augen. So ist die Gewerkschaft zur Überwinderin der früher verbreiteter gewesenen beruflichen Abgeschlossenheit der Arbeiter geworden.

Printed by Libri Plureos GmbH
in Hamburg, Germany

ISBN 978-3-428-16254-3

Das Wesen des Geldes

Zugleich ein Beitrag zur Reform
der Reichsbankgesetzgebung

Von

Friedrich Bendixen

Duncker & Humblot *reprints*